A Moralidade da Democracia

Coleção Debates
Dirigida por J. Guinsburg

Equipe de Realização – Revisão: Cristina Ayumi Futida, Wagner Aldeir Bastos e Ana Maria Moraes; Produção: Ricardo W. Neves, Sergio Kon e Raquel Fernandes Abranches

leonardo avritzer
A MORALIDADE DA DEMOCRACIA

ENSAIOS EM TEORIA HABERMASIANA E
TEORIA DEMOCRÁTICA

Dados Internacionais de Catalogação na Publicação (CIP)
(Câmara Brasileira do Livro, SP, Brasil)

Avritzer, Leonardo
    A moralidade da democracia : ensaios em teoria
habermasiana e teoria democrática / Leonardo Avritzer.
– São Paulo : Perspectiva, 2011. – (Debates ; 272 / dirigida
por J. Guinsburg)

        1. reimpr. da 1. ed. de 1996
        Bibliografia.
        ISBN 978-85-273-0096-4

1. Democracia 2. Democracia – Aspectos morais e éticos
3. Habermas, Jürgen, 1929-   4. Política e Sociologia I. Título.
II. Série.

96-4294   CDD-321.8

        Índices para catálogo sistemático:
    1. Democracia : Moralidade : Ciência Política 321.8

1ª edição – 1ª reimpressão

Direitos reservados à

EDITORA PERSPECTIVA S.A.

Av. Brigadeiro Luís Antônio, 3025
01401-000 São Paulo SP Brasil
Telefax: (11) 3885-8388
www.editoraperspectiva.com.br

2011

Para Ana e Sofia.

SUMÁRIO

PREFÁCIO E AGRADECIMENTOS 11

1. Teoria Habermasiana, Sociologia e Democracia . . 13

2. Marx e Habermas: das Falsas Determinações da Política à Política enquanto Debate Prático-Moral . 23

3. Habermas e Weber: da Instrumentalização da Moral aos Fundamentos Morais da Democracia 53

4. Racionalidade, Mercado e Normatividade: uma Crítica dos Pressupostos da Teoria da Escolha Racional 77

5. Teoria Democrática, Racionalidade e Participação: uma Crítica Habermasiana ao Elitismo Democrático 99

6. Cultura Política, Atores Sociais e Democratização: uma Crítica às Teorias da Transição para a Democracia 125

7. Coda – Normatividade, Democracia e Democratização: das Conseqüências Políticas de uma Concepção Moral da Democracia 153

REFERÊNCIAS BIBLIOGRÁFICAS 159

PREFÁCIO E AGRADECIMENTOS

Os ensaios reunidos neste livro são o resultado de mais de uma década de estudos sobre Habermas. Meu interesse pela obra de Habermas começou quando eu ainda era um estudante de mestrado em Ciência Política na UFMG. Foi esse interesse que me levou a um doutorado na New School for Social Research em Nova York, onde pude desenvolver os estudos que conduziram à maior parte desses ensaios. Um conjunto de pessoas tiveram influência decisiva na minha formação teórica durante esse período, entre as quais eu gostaria de destacar em primeiro lugar o meu orientador Andrew Arato. Seyla Benhabib, Alan Wolfe e Richard Bernstein, cujos cursos eu tive o privilégio de freqüentar, contribuíram também decisivamente para a minha formação em Habermas. A idéia de aplicar a teoria habermasiana aos países de desenvolvimento tardio também surgiu no seminário de estudos latino-americanos da New School. É impossível mencionar todas as pessoas que freqüentaram esses

11

seminários e que tiveram a oportunidade de comentar alguns dos trabalhos por mim apresentados. Limito-me a mencionar Alberto Olvera, César Montúfar, Ciska Ravientos e Ann Mische. Todos eles chegaram a comentar uma versão anterior do ensaio "Cultura Política, Atores Sociais e Democratização: uma Crítica às Teorias da Transição para a Democracia" que se tornou o Capítulo 6 deste livro. De volta ao Brasil em 1994, continuei a desenvolver o meu interesse pela relação entre Habermas e teoria democrática. Foi no departamento de Ciência Política da UFMG que foram escritos os Capítulos 4 e 5 deste livro, resultado de um conjunto de polêmicas interiores ao departamento que chegaram à minha sala de aula. Alguns alunos tiveram influência decisiva na redação desses artigos, entre os quais eu gostaria de mencionar Cláudia, Lúcio, Magna e Éder (entre eles, Cláudia Feres me forneceu sugestões decisivas para a elaboração do Capítulo 5). Alguns outros capítulos foram discutidos com colegas e revistos em alguns de seus elementos. O capítulo sobre Habermas e Marx foi revisto a partir de sugestões do meu amigo Eduardo Albuquerque no sentido de versar unicamente acerca dos elementos sociológicos da obra de Marx. O capítulo sobre Marx guarda também marcas do meu diálogo com o meu colega e orientador de mestrado Carlos Eduardo Baesse que infelizmente não pôde ler o resultado desse diálogo. Em relação ao capítulo sobre teoria da escolha racional, recebi um conjunto de críticas e de sugestões extremamente relevantes do meu colega Bruno Reis, sugestões essas que, no entanto, chegaram tarde demais para serem incorporadas antes da publicação deste livro. Um conjunto de outras pessoas participaram da minha formação em Habermas ou como colegas ou como professores entre as quais eu gostaria de mencionar o meu amigo Hugo Eduardo Cerqueira. Certamente, eu sou o único responsável pelos limites deste trabalho.

1. TEORIA HABERMASIANA, SOCIOLOGIA E DEMOCRACIA[1]

As Revoluções do Outono de 1989 representaram o culminar de uma proposta autolimitada de ação política. A tentativa de inseri-las em um *continuum* que nos levaria da Revolução Francesa à Revolução Russa fracassa pela impossibilidade de distinguir, na ação dos revolucionários do leste, um princípio novo que implicaria na ruptura com toda forma anterior de organização política. É vã a busca de um princípio similar a "todo o poder ao terceiro estado" ou "todo o poder aos Sovietes". A peculiaridade das revoluções de 1989 é a percepção de que o fim último das revoluções já não é mais a reestruturação do Estado a partir de um novo princípio mas a redefinição das relações entre

---

1. Uma versão bastante anterior deste artigo foi publicada na revista *Novos Estudos* com o título: "Sociedade Civil: Além da Dicotomia Estado / Mercado".

Estado e sociedade sob o ponto de vista desta última. Trata-se, portanto, da aceitação da diferenciação social como uma característica necessária das formações sociais modernas, o papel da política e dos movimentos sociais limitando-se à organização da sociedade e à determinação de novas formas de relação entre sociedade e Estado, sociedade e mercado.

Não é difícil perceber que, vistas sob esta perspectiva, as Revoluções do Leste modificam a ótica sob a qual podemos analisar a prática política do Ocidente. O caminho que leva de Rousseau a Marx, ao prevalecimento da vontade geral e à redução da discussão política ao conteúdo desta última parece esgotado. Simultaneamente, novos caminhos se abrem: eles nos conduzem às teorias capazes de conciliar a aceitação do papel desempenhado pelo mercado e pelo Estado, com a perspectiva de fortalecimento de uma terceira arena capaz de proporcionar à sociedade instrumentos de defesa contra processos de mercantilização e burocratização das relações sociais.

Pensar o problema do fortalecimento da sociedade no interior de uma teoria da diferenciação social nos leva de encontro à obra de Habermas, em especial, à *Teoria da Ação Comunicativa*[2]. A obra de Habermas pode ser entendida ou como uma obra de filosofia ou como uma obra de teoria social. A ênfase da obra filosófica de Habermas concentra-se em questões tais como os fundamentos pragmáticos da comunicação e as características das éticas formais[3]. Enquanto obra na área de teoria social, as principais temáticas habermasianas são a recuperação de um conceito de interação ligado à arena social na qual a ação comunicativa vigora e o desenvolvimento de uma concepção de diferenciação social capaz de permitir a reelaboração dos conceitos

---

2. Vide Jürgen Habermas, *Theory of Communicative Action*, Boston Beacon Press, 1984. Todas as citações deste livro serão traduzidas diretamente do inglês pelo autor.

3. As principais obras nas quais essas questões foram tratadas são: *Moral Consciousness and Communicative Action*; Justification and Application. Alguns dos fundamentos pragmáticos da comunicação são abordados nos Capítulos 1 e 3 da *Teoria da Ação Comunicativa*.

weberiano e marxiano de burocratização e de monetarização, colocando-os em relação com processos interativos. O ponto de chegada da teoria social habermasiana não constitui apenas uma proposta de reinterpretação da dinâmica entre as várias arenas sociais, mas envolve também um diagnóstico da política moderna cujo centro constitui a análise do empobrecimento das práticas políticas contemporâneas, do surgimento de novos atores e movimentos sociais e da possibilidade de aprimorar as democracias contemporâneas.

Este capítulo se dividirá em duas partes: em uma primeira parte, pretendemos seguir o fio que conduz Habermas da filosofia à sociologia em busca de uma teoria crítica livre da noção de fundamentos últimos. Em uma segunda parte, pretendemos mostrar a maneira como a proposta habermasiana de fundamentação sociológica da modernidade conduz o autor da *Teoria da Ação Comunicativa* a uma teoria da democracia baseada na distinção entre Estado e sociedade. Tal teoria baseia-se na percepção de que a democracia está ligada a um processo discursivo que tem suas origens nas redes públicas de comunicação, com as quais os processos de institucionalização legal e utilização administrativa do poder estão indissoluvelmente ligados (Habermas, 1995).

I

No decorrer da sua longa trajetória filosófica, Jürgen Habermas perguntou-se mais de uma vez se ainda valia a pena continuar pensando a sociedade a partir do aparato proporcionado pela filosofia[4]. O problema de abordar questões de racionalidade a partir de uma perspectiva filosófica

---

4. Na introdução aos *Perfis Político-Filosóficos*, cujo título sugestivo é "Para que Continuar com a Filosofia?", Habermas já observava que as "[...] escolas [filosóficas] mais produtivas haviam rompido suas relações com uma filosofia primeira e sua exigência de determinações últimas [...]" Vide Habermas, 1971.

15

é, segundo Habermas, que "[...] todas as tentativas de descobrir fundamentos últimos, nos quais as intenções de uma primeira filosofia se assentariam, se mostraram vãs" (Habermas, 1984, I: 2). Conseqüentemente, a única via possível de estabelecimento de uma teoria social crítica seria aquela capaz de conectar a filosofia com as ciências sociais. Um problema adicional se coloca, no entanto, quando nos voltamos da filosofia para as ciências sociais: trata-se da tendência manifestada tanto pela economia quanto pela ciência política, no seu processo de busca da legitimidade empírica, de limitarem a racionalidade em cada uma das áreas. No caso da política, tal processo levou à desconsideração de "questões prático-morais", enquanto, no caso da economia, ele levou à desconsideração dos efeitos do desenvolvimento econômico nas formas de integração social. Segundo Habermas, apenas a sociologia

[...] entre as disciplinas das ciências sociais reteve, nas suas relações com os problemas da sociedade, a perspectiva do todo [...] Disto resultou que a sociologia não pode deixar de lado, tal como as outras disciplinas, ...a questão da racionalização... (Habermas, 1984, I: 5.)

A teoria habermasiana da sociedade parte do suposto que, na modernidade ocidental, ocorreu um processo primário de diferenciação das estruturas da racionalidade que dissociou a complexificação das estruturas sistêmicas do processo de racionalização comunicativa das estruturas do mundo da vida (Habermas, 1984, II: 153). O resultado desse processo não consistiu numa dupla forma de diferenciação, tal como supõem as teorias dualistas da diferenciação entre Estado e sociedade, mas sim numa forma múltipla de diferenciação. De um lado, surgem estruturas sistêmicas econômicas e administrativas que não só se diferenciam do mundo da vida, mas se diferenciam entre si. O subsistema econômico se organiza em torno da lógica estratégica do intercâmbio que permite a comunicação através do código positivo da recompensa. O subsistema administrativo se organiza em torno da lógica estratégica do poder que permite a comunicação através do código negativo da sansão

(Habermas, 1984, II: 180-3). Ao longo das estruturas sistêmicas e estabelecendo uma relação distinta com cada uma delas, situa-se o campo da interação social organizado em torno da idéia de um consenso normativo gerado a partir das estruturas da ação comunicativa[5]. A análise habermasiana nos apresenta, portanto, uma imagem multifacetada das sociedades modernas, onde a relação entre si de dois subsistemas que operam a partir de lógicas diferentes e a relação entre cada um dos subsistemas com o mundo da vida constitui o ponto focal para a elaboração de um diagnóstico das sociedades contemporâneas. Tal diagnóstico visa explicar a origem dos conflitos que emergem nos locais de encontro entre os subsistemas e o mundo da vida. A dissociação entre os

[...] subsistemas regidos por meios de controle[6] e as formas organizacionais do mundo da vida não é o que conduz à racionalização unilateral ou à reificação da prática comunicativa cotidiana. [Esta é provocada] pela penetração das formas econômicas e administrativas de racionalidade em áreas de interação que resistem a ser convertidas nos meios dinheiro e poder. [Porque estas áreas] são especializadas na transmissão cultural, na integração social e na socialização, elas permanecem dependentes do entendimento mútuo enquanto mecanismo de coordenação da ação. (Habermas, 1984, II: 330.)

A teoria habermasiana da sociedade retoma elementos da análise dos clássicos das ciências sociais com o objetivo de questionar o diagnóstico da modernidade feito por esses autores. As análises marxiana da reificação e weberiana da

5. Para uma definição mais detalhada dos fundamentos da ação comunicativa, vide Capítulo 2 deste livro.

6 Habermas, ao definir o poder e o dinheiro como meios de controle (*interchange media*), entra em diálogo com a tradição funcionalista, especificamente com Parsons e Luhmann. Para estes autores, os meios de controle têm três características principais: 1. eles são meios simbólicos, isto é, eles representam outros objetos que podem ser lembrados em certas circunstâncias; 2. eles se fundam na institucionalização de um código, isto é, em regras normativas que estabelecem condições para a sua aquisição e uso; 3. eles não estão submetidos a condições de soma zero. Vide Muench, 1987: 77-78.

burocratização são, assim, reelaboradas, tendo em vista a relação entre os subsistemas administrativo e econômico e o mundo da vida. Diferentemente da teoria marxiana, para Habermas, a diferenciação social não constitui um problema em si, na medida em que seu instrumental teórico lhe permite separar o subsistema econômico dos processos interativos próprios ao mundo da vida. O conceito de reificação é reinterpretado passando a ser identificado não com a vigência do mercado mas com a sua penetração nas arenas sociais regidas pela ação comunicativa (vide Capítulo 2). Tal como Weber, Habermas percebe a existência de uma tensão entre o crescimento da racionalidade de meios, própria à administração burocrática vigente no Estado moderno, e os princípios organizativos de uma esfera baseada na interação social. No entanto, para o autor da *Teoria da Ação Comunicativa*, a modernidade não precisa, necessariamente, ser identificada com a inevitabilidade dos processos de burocratização. Para Habermas, a burocratização significa a penetração da forma administrativa do Estado moderno nas arenas sociais regidas pela ação comunicativa (vide Capítulo 3). A teoria habermasiana, ao transitar de um marco dualista para um marco tripartite, entende a modernidade como a tensão entre Estado e mercado, por um lado, e as estruturas interativas do mundo da vida por outro. É no ponto de encontro entre as estruturas interativas e os subsistemas que se daria o enfrentamento central da modernidade, enfrentamento esse decisivo para se determinar a capacidade de sobrevivência de formas de comunicação e de interação que deram origem aos principais movimentos sociais da modernidade. Seu resultado não foi o desaparecimento das formas interativas mas o surgimento de uma esfera de autonomia social identificada com o processo de produção da democracia.

II

Adotar uma teoria da modernidade baseada na precedência de uma esfera constituída pela interação social implica em posicionar-se em relação ao estreitamento da prática democrática ao longo do século XX. Tal estreitamento está ligado à ampliação da influência de macroestruturas econômicas e administrativas em relação as formas de participação e de comunicação com as quais a prática da democracia foi historicamente identificada[7]. Nesse sentido, a recuperação pela teoria habermasiana, de uma dimensão interativa da sociabilidade, implica, em primeiro lugar, atribuir um significado normativo à democracia de acordo com o qual a afirmação

> [...] dos princípios do constitucionalismo democrático nas sociedades modernas implica na precedência do mundo da vida em relação aos subsistemas que se separaram de suas ordens institucionais. (Habermas, 1984, II: 345.)

Conceber a democracia enquanto precedência de uma esfera interativa em relação a subsistemas regidos por meios de controle implica em estabelecer um diálogo crítico com a teoria democrática convencional em torno de dois pontos principais: o primeiro deles seria a possibilidade de justificar a democracia em termos não normativos[8] e o segundo

7. A oposição entre complexidade e participação foi muito bem descrita por Norberto Bobbio. Para Bobbio "[...] o projeto político democrático foi idealizado para uma sociedade muito menos complexa do que a de hoje [...] Na medida em que as sociedades passaram de uma economia familiar para uma economia de mercado, [...] regulada, planificada [...] aumentaram os problemas políticos que requerem competências técnicas. Os problemas técnicos exigem, por sua vez, expertos, especialistas, uma multidão cada vez mais ampla de pessoal especializado [...] Tecnocracia e democracia são antitéticas: se o protagonista da sociedade industrial é o especialista, [é] impossível que venha a ser o cidadão comum". Ao deixar de separar a política da administração estatal, Bobbio não consegue escapar da armadilha do elitismo democrático. Vide Bobbio, 1984.
8. Este constitui o tema da polêmica entre Habermas e alguns teóricos da escolha racional, especialmente, Elster e Becker. A teoria da escolha racional, ao negar completamente os fundamentos normativos da democracia (Przeworski, 1991), acaba sendo obrigada a justificar a democracia em termos empíricos. Em seu último livro *Entre Fatos e Normas*, Habermas demonstra que todas as teorias da ação racional contrabandeiam, em algum momento, argumentos normativos para justificarem

seria a capacidade de conciliar racionalidade e participação. Permitam-me desenvolver ambos os pontos com um pouco mais de vagar.

Pode-se perceber, na teoria democrática que se tornou hegemônica ao longo do século XX, um movimento contraditório: ao mesmo tempo em que a democracia se expande entre os países do ocidente, da América Latina e da Ásia, devido ao seu apelo normativo, a teoria democrática que acaba prevalecendo – o elitismo democrático –, nega os fundamentos normativos da democracia moderna. A partir do estabelecimento de uma falsa oposição entre idealismo e realismo, fundada na suposição que a democracia nada mais é do que a agregação das características empiricamente identificáveis nos sistemas democráticos, o elitismo se consolidou através de duas proposições: 1) a negação de qualquer vinculação entre democracia e bem comum; 2) a sustentação de uma oposição entre participação e racionalidade[9]. Ambas as suposições conduzem a uma teoria da democracia que reduz racionalidade à maximização de interesses individuais em conflito.

É essa concepção que nós colocamos em xeque nos Capítulos 4, 5 e 6 deste livro, com base na diferenciação entre sistema e mundo da vida e na distinção entre instâncias sistêmicas e domínios interativos. A distinção entre sistema e mundo da vida identifica, tal como apontamos mais acima, a democracia com os processos normativos constitutivos do mundo da vida. Dessa maneira, a democracia depende, para a sua reprodução, não apenas daqueles processos que ocorrem no sistema político *strictu senso* – aglutinação da opintão pública em partidos, atividades parlamentares e eleições –, mas depende também dos processos de formação e renovação de uma cultura política democrática. Tais processos estão ligados à formação de associações e à reprodução da solidariedade social. Habermas identifica os processos normativos com um dos conceitos de raciona-

---

a democracia. Vide Habermas, 1995. Capítulos 7 e 8. Vide também Capítulo 4 deste livro.

9. Esse tema é discutido detalhadamente no Capítulo 5.

lidade que ele desenvolve, isto é, com o conceito de racionalidade comunicativa (Habermas, 1984, I: 8-14). Tal operação lhe permite contrapor ao diagnóstico do elitismo democrático acerca da incompatibilidade entre democracia, participação e racionalidade, um diagnóstico distinto capaz de desvencilhar o aumento da complexidade administrativa da impossibilidade da participação. Ao mostrar que os potenciais interativos que geram a participação e renovam a cultura política não se localizam na esfera na qual a expansão das estruturas administrativas do Estado moderno ocorre, Habermas torna-se capaz de conciliar participação e administração complexa. Para ele, a democracia se constitui em um fluxo de comunicação que tem o seu início nas redes de comunicação da esfera pública. Os acordos políticos resultantes desses processos são legalmente institucionalizados e administrativamente implementados. Diferentemente do elitismo democrático, a democracia, nessa acepção, é estruturalmente dependente das redes de comunicação existentes na esfera pública, redes essas que estabelecem a direção do processo de produção de poder nas sociedades democráticas (Habermas, 1995). A relação entre administração, participação e racionalidade, vista sob essa perspectiva, torna-se uma relação de tensão e complementariedade.

A distinção habermasiana entre sistema e mundo da vida e dois tipos de racionalidade lhe permite também dar uma solução a um segundo problema mal resolvido pela teoria democrática desde Schumpeter, o da relação entre democracia e bem comum. Na medida em que Habermas identifica o conceito de racionalidade comunicativa com as regras de um processo de comunicação livre de constrangimentos, ele abre espaço para uma solução do problema da relação entre ética e democracia distinta da solução proposta pelo elitismo democrático. Uma solução de acordo com a qual o princípio ético envolvido na prática democrática estaria relacionado à qualidade dos processos de comunicação ligados à democracia. Ao transitar do campo das éticas substantivas para o campo das éticas formais, a teoria habermasiana nos permite restabelecer uma relação entre

21

democracia, ética e bem comum, de acordo com a qual o bem comum estaria ligado às regras utilizadas pelos participantes na prática da democracia. Nesse sentido, seria possível transformar o problema da ruptura com as condições de igualdade e de livre comunicação no processo político em um problema moral.

O itinerário que leva Habermas da filosofia à sociologia permite ao autor da *Teoria da Ação Comunicativa* renovar o debate no interior da teoria democrática. Ao introduzir a dimensão de atores sociais na discussão acerca do significado da democracia, Habermas identifica a dimensão normativa da democracia com a arena societária, abrindo espaço para a integração de novos atores, novas práticas e novas relações entre Estado e sociedade civil no interior desse debate. Tal processo nos permite entender não apenas o motivo pelo qual existem sociedades democráticas, como também o motivo pelo qual existem sociedades em processo de democratização. Ambos os fatos estão indissoluvelmente ligados ao entendimento da democracia enquanto problema moral, isto é, enquanto procura intersubjetiva das regras mais adequadas ao desenvolvimento de uma sociabilidade coletiva.

2. MARX E HABERMAS: DAS FALSAS DETERMINAÇÕES DA POLÍTICA À POLÍTICA ENQUANTO DEBATE PRÁTICO-MORAL

Delimitar os contornos da relação entre as obras de Jürgen Habermas e Karl Marx não constitui uma fácil empreitada. Habermas é um autor que sempre se identificou com uma corrente de pensamento chamada de "marxismo ocidental"[1] procurando, ao longo da sua obra, estabelecer um debate crítico com Marx. Por outro lado, sua obra pode ser entendida desde *Mudança Estrutural na Esfera Pública,* enquanto uma tentativa de demonstrar que os problemas do

---

1. O termo marxismo ocidental foi utilizado por Perry Anderson para designar algumas características comuns da obra de autores que continuaram a reivindicar a tradição marxiana apesar da sua rejeição do marxismo soviético. Entre esses pensadores se destacariam, em uma primeira geração, Lukács, Gramsci e Karl Korsch e, em uma segunda geração, Adorno, Marcuse e Sartre. Vide Perry Anderson, 1976. *Considerações sobre o Marxismo Ocidental,* Lisboa, Editora Afrontamento.

marxismo não estavam limitados apenas à prática política do assim chamado "marxismo soviético", mas implicavam em submeter à crítica os pressupostos de uma filosofia da história que insistiu em tratar os problemas da política enquanto problemas da superestrutura. A *Mudança Estrutural da Esfera Pública*, a primeira obra habermasiana, já aponta dois elementos importantes da interlocução entre Habermas e Marx: o primeiro é a discussão sobre a natureza da política, isto é, a discussão, se essa última constituiria a expressão de interesses privados determinados socialmente, o que implicaria em supor que as suas determinações seriam falsas. Um segundo elemento da investigação crítica das categorias marxianas na *Mudança Estrutural da Esfera Pública* constitui a constatação de uma realidade histórica – a existência de uma esfera de livre debate durante os séculos XVII e XVIII – e a discussão das implicações desse fenômeno para a concepção marxiana da política. É somente a partir de *Teoria e Praxis* que Habermas começa a criticar sistematicamente o que ele passou a denominar de "paradigma da produção", entendido enquanto a idéia de que haveria uma ligação entre o processo de autoprodução dos indivíduos através do trabalho social e o processo de esclarecimento político acerca da emancipação humana. A partir desses escritos, aquilo que na *Mudança Estrutural da Esfera Pública* aparece como uma divergência empírica[2] torna-se uma divergência teórica.

Existe ainda um segundo ponto de divergência entre Habermas e Marx. Tal divergência está relacionada com as

---

2. Vale a pena determinar o valor que as constatações empíricas irão desempenhar na obra habermasiana. Na *Lógica das Ciências Sociais,* Habermas sustenta que o cientista social não deve nem se limitar aos resultados de uma reflexão empírica nem tampouco desprezá-los (p. 168). Nesse sentido, a dimensão das constatações históricas, antropológicas e empíricas capazes de contradizer os supostos de uma teoria sempre foi levada a sério por Habermas. Na *Teoria da Ação Comunicativa,* ele irá propor uma combinação entre a explicação teórica do seu objeto de estudo (no caso o problema da racionalidade) e a análise empírica do desenvolvimento histórico dessas estruturas. Vide Jürgen Habermas, 1984. *Theory of Communicative Action,* Boston; Beacon Press, p. 2.

transformações introduzidas pela economia capitalista, entendida enquanto um sistema auto-regulável, nas relações interativas e comunitárias entre os indivíduos. Desde a *Crise de Legitimação do Capitalismo Tardio*, Habermas questiona a atualidade histórica da forma como Marx descreve as crises econômicas do capitalismo liberal enquanto crises sistêmicas. Interessa a Habermas investigar se a forma como Marx supôs que as crises econômicas expressassem imediatamente crises de uma forma de integração social, seria ainda empiricamente válida. O foco da análise habermasiana, nesse segundo caso, seria um segundo fundamento do "paradigma da produção" desenvolvido pelo Marx maduro, qual seja, a suposição que as crises econômicas do capitalismo se tornariam também crises de integração social, desencadeando um processo de esclarecimento político capaz de conduzir à ultrapassagem do capitalismo. Se, em um primeiro momento, as preocupações habermasianas na *Crise de Legitimação do Capitalismo Tardio* estão voltadas para o contraste entre as crises do capitalismo liberal e as crises do capitalismo tardio, em um momento posterior, na *Teoria da Ação Comunicativa*, Habermas irá se preocupar em separar os fundamentos da integração social e da integração sistêmica. Para Habermas, a integração social se daria em uma base interativa, no nível dos mundos objetivo, social e subjetivo, ao passo que a integração sistêmica constituiria uma forma objetificada de coordenação da ação social própria à economia de mercado e à dimensão administrativa do Estado moderno. Desse modo, o pressuposto marxiano de que as crises do capitalismo implicariam, simultaneamente, conflitos interativos e conflitos sistêmicos, a tese sociológica básica de *O Capital* é negada na *Teoria da Ação Comunicativa*.

O interessante, todavia, é notarmos que a negação tanto dos fundamentos filosóficos do "paradigma da produção" quanto dos fundamentos sociológicos da análise do modo capitalista de produção não é suficiente para que Habermas deixe de reivindicar a tradição marxiana. Em entrevista à *New Left Review* posterior à conclusão da *Teoria da Ação*

Comunicativa, Habermas reafirma sua condição de marxista uma vez que ele

[...] continua[ria] a explicar o modelo seletivo de modernização capitalista e as correspondentes patologias de um mundo da vida unilateralmente racionalizado nos termos de um processo de acumulação capitalista amplamente desvinculado de qualquer orientação para valores de uso. (Habermas, 1987 c: 95.)

A afirmação habermasiana parece plenamente compatível com a referência a Marx nas páginas finais da *Teoria da Ação Comunicativa* de acordo com a qual a grande contribuição do formulador do "paradigma da produção" teria sido a demonstração que os problemas para a reprodução da interação social em uma sociedade racionalizada podem ser abordados a partir da perspectiva dos próprios atores sociais (Habermas, 1984, II: 403). Tal afirmação parece ser uma atualização da suposição marxiana de uma relação entre as categorias básicas da sociedade moderna e as categorias de uma ciência social crítica[3].

Este capítulo terá três partes: em uma primeira parte procuraremos explicar os elementos principais do "paradigma da produção", tal como desenvolvido filosoficamente pelo jovem Marx, para então contrastá-los com os resultados da análise histórica contida na *Mudança Estrutural da Esfera Pública*. Em uma segunda parte procuraremos demonstrar os elementos de ligação entre integração social e integração sistêmica, tal como eles foram desenvolvidos em *O Capital*, para então contrastá-los com a análise empírica

---

3. Este é um ponto comum ao pensamento de Marx, Horkheimer e Habermas. Todos os três autores supõem que a realidade social teorizada pelo cientista social é acessível aos atores sociais. Habermas identifica a operação dessa conexão com um fenômeno semelhante ao apontado por Marx, qual seja, ao fato das categorias mais abstratas remeterem a certas dimensões concretas da vida em um determinado momento histórico. Nesse sentido, ele acredita que os atores sociais tenham a capacidade de apreender os fenômenos problematizados pela sua *Teoria da Ação Comunicativa*, tais como a colonização do mundo da vida. Vide Jürgen Habermas, 1984. *Theory of Communicative Action*, II, Boston, Beacon Press, p. 403.

das crises do capitalismo avançado contida na *Crise de Legitimação do Capitalismo Tardio*. O nosso objetivo será o de demonstrar que as críticas feitas por Habermas a Marx implicam em uma mudança de concepção do lugar da política. Ela passa a constituir, no interior do paradigma habermasiano da comunicação, uma dimensão prático-moral capaz de estabelecer os fundamentos da emancipação humana. Todavia, interessa-nos não apenas apontar esse novo lugar ocupado pela política na obra de Habermas, como também mostrar em que sentido o autor da *Teoria da Ação Comunicativa* pode continuar considerando-se marxista: enquanto defensor de uma idéia de modernidade seletivamente institucionalizada e ainda não plenamente realizada.

I

Os fundamentos do que se convencionou chamar de "paradigma da produção" foram lançados por Marx em 1843-1844 em duas obras, *A Questão Judaica* e *A Crítica da Filosofia do Direito de Hegel*. Nessas duas obras, Marx pretende criticar a avaliação positiva de pensadores iluministas, tais como Condorcet e de pensadores Pós-Revolução Francesa, tais como Hegel, acerca da abolição, pelas revoluções modernas, da correspondência entre estratificação social e organização política[4]. Para esses autores, o fato da

---

4. Eu estou aqui seguindo as interpretações de Heiman e Arato sobre o significado das corporações para Hegel. Ambos os autores demonstram que as corporações, tal como apresentadas na *Filosofia do Direito*, não possuem as características socias hierárquicas que caracterizavam as corporações medievais. O livre acesso as tornaria mais próximas das associações civis modernas. Nesse sentido, Hegel partilharia da crença iluminista na positividade das revoluções modernas. Vide G. Hegel, 1821. *Philosophy of Right*. Oxford, Oxford University Press. Andrew Arato, 1989. "A Reconstruction of Hegel's Theory of Civil Society", in *Cardozo Law Review*, v. 10, n. 5-6, pp. 1363-1388; Heiman, 1984, "The Sources and Significance of Hegel's Corporate Doctrine", in *Hegel's Political Philosophy: problems and perspectives*. Editado por Z. A. Pelzcynski, Cambridge, Cambridge University Press.

modernidade ter abolido requisitos hierárquicos e sociais para a participação no interior do Estado moderno significava a possibilidade de universalização da política, isto é, da vigência plena da igualdade na esfera política. Nas duas obras mencionadas acima o que irá interessar a Marx serão os limites da emancipação política vista sob a perspectiva do ser-genérico, isto é, do indivíduo entendido enquanto membro de uma comunidade que se autoproduz[5]. Se Marx reconhece a natureza progressista da revolução política que tornou o Estado universal destruindo,"[...] irremediavelmente, todos os estamentos, corporações, guildas e privilégios que expressavam a separação entre o povo e sua comunidade" (Marx, 1843: 232), tal fato não é para ele suficiente. Interessa a Marx criticar as revoluções políticas do século XVIII por haverem cindido os indivíduos entre membros do Estado e membros individuais da sociedade civil, isto é, agentes econômicos. Ao cindir a essência do ser-genérico que passou a ter a sua existência real separada da sua existência política, as sociedades modernas passaram a diferenciar a condição de membro político da comunidade da condição de agente econômico na sociedade civil. Em outras palavras, Marx pretende analisar as grandes transformações desencadeadas pela época moderna, a universalização da condição de membro do Estado e a generalização do individualismo na esfera da economia de mercado, enquanto fenômenos contraditórios. A perda do controle da comunidade sobre a atividade econômica desempenhada pelos seus membros constitui o novelo a partir do qual a análise marxiana se desenrola. Ainda em *A Questão Judaica*, Marx

---

5. Estou utilizando a categoria de ser-genérico tal como interpretado por Bertrand Ollman. Para ele, Marx teria distinguido o ser-humano entre ser-natural e ser-genérico. Essa última dimensão envolveria o reconhecimento que cada membro da espécie humana possui características comuns a toda a espécie e que, portanto, "[...] as ações dos demais indivíduos têm objetivos semelhantes e, até mesmo, estão conectadas às suas próprias ações". Ollman ressalta, todavia, que as atividades às quais Marx se refere estão estruturadas tendo em vista o processo de produção material. Vide Bertrand Ollman, 1971, *Marx's Conception of the Man in Capitalist Society*, Cambridge, Cambridge University Press.

formula em termos filosóficos o que constituiria, então, o horizonte da sua obra: a reuntão das essências política e econômica do ser-genérico:

> Somente quando o homem individual real reintegrar o cidadão abstrato em si e, enquanto homem individual, tornar-se um ser-genérico na sua vida empírica – no seu trabalho e nas suas relações individuais – somente quando o homem organizar suas *forces propres* como força social, de modo tal que a sua força social não mais esteja separada da sua força política, somente então a emancipação humana estará completa. (Marx, 1843: 234.)

Esse constitui o pressuposto filosófico do "paradigma da produção" que, na *Crítica da Filosofia do Direito de Hegel,* irá incorporar uma preocupação estritamente política, qual seja, o dano à representação do interesse geral provocado pela cisão entre vida política e existência material. A partir de uma preocupação praticamente idêntica à de *A Questão Judaica,* isto é, da contradição entre individualismo na esfera da produção e universalismo na esfera política, Marx percebe que o Estado moderno expressaria uma oposição entre a vida genérica e a vida material do homem. O ser-genérico, ao ser obrigado a individualizar-se, entende a determinação da sua vida política não mais como a discussão acerca do interesse geral da comunidade e sim como a representação do interesse particular do indivíduo. Nessa medida, existe uma cisão entre a participação do indivíduo na política enquanto membro do Estado e enquanto agente econômico conhecedor do seu auto-interesse:

[...] a sociedade civil e o Estado estão separados. Portanto, o cidadão do Estado e o cidadão que é apenas membro da sociedade civil também estão separados [...] Como cidadão real, ele encontra-se em uma organização dupla. Por um lado, ele é parte da ordem burocrática [...] Por outro, ele é parte da ordem social, a ordem da sociedade civil. Mas aqui, ele existe como um cidadão privado, fora do Estado [...] Para o indivíduo tornar-se efetivo enquanto um cidadão real do Estado, para ele adquirir verdadeiramente significado e eficácia política, ele deve abandonar sua realidade civil e retirar-se [...] da sua individualidade. Pois, a existência do Estado está completa sem ele e sua existência na sociedade civil está completa sem o Estado. (Marx, 1844:143.)

29

Ou seja, para Marx o problema central das sociedades modernas, no que diz respeito à questão da organização do Estado, constitui a ruptura entre a vida material e a vida política. Nas sociedades modernas, tal ruptura se expressa na separação entre produção material, uma atividade eminentemente individual, e a vida política, atividade de determinação dos destinos da coletividade. A política na sociedade burguesa é inefetiva porque a participação do ser-genérico na política enquanto indivíduo auto-interessado retira da política a capacidade de discutir os interesses gerais da comunidade. Para Marx, nem o Estado é capaz de exercer as suas determinações sobre a sociedade civil nem a sociedade civil é capaz de exercer as suas determinações sobre o Estado. A cisão entre individualidade e universalidade se expressaria desse modo na inefetividade da esfera política. Somente o reestabelecimento de uma unidade entre as duas essências do ser-genérico poderia reinstaurar a idéia de interesse geral no campo da política. O Estado moderno, tal como ele emerge das revoluções do século XVIII, é incapaz de realizar essa empreitada. É por isso que as determinações da política nas sociedades modernas constituem falsas determinações.

Na *Mudança Estrutural da Esfera Pública*, Habermas também irá analisar a realidade ou a ilusoriedade das transformações provocadas pelo surgimento da burguesia na ordem política das sociedades modernas. O ponto de partida do autor é indiscutivelmente um ponto de partida marxiano na medida em que ele procura estabelecer uma correspondência entre a mudança em um princípio de organização política ligado a atributos pessoais ou religiosos e a ocorrência de mudanças na esfera material (Habermas, 1989: 14)[6]. Habermas atribui à emergência do sistema financeiro

6. O ponto de partida habermasiano na *Mudança Estrutural da Esfera Pública* foi recentemente criticado por Margareth Sommers. De acordo com a autora, a esfera pública constitui um local de participação no qual agentes econômicos, cidadãos, sujeitos legais e membros da comunidade política entram em negociação e conflito acerca das suas vidas política e social. Para Sommers, o surgimento da esfera pública está ligado a aspectos

e ao desenvolvimento do comércio à origem das mudanças na estrutura social e política das sociedades modernas. No entanto, o autor da *Mudança Estrutural da Esfera Pública* não se contenta em determinar o conteúdo da esfera política a partir da sua origem genética. Pelo contrário, há um fenômeno de fundamental importância que o obriga a ir além da simples constatação de uma contradição entre estratificação social e universalidade política. Trata-se do fato dos indivíduos privados

[...] tornarem a reprodução das suas vidas [algo que transcende] os limites da autoridade doméstica privada e torna-se objeto do interesse público. Essa zona contínua de contato administrativo torna-se crítica [...] no sentido em que ela desencadeia o julgamento crítico de um público capaz de fazer uso da sua razão. (Habermas, 1989: 24.)

A determinação da política nas sociedades modernas, vista dessa perspectiva, não mais pode ser reduzida *a priori* à não-correspondência entre estratificação social e universalidade política, tal como supôs Marx. Ela envolve uma outra dimensão, qual seja, a da disputa entre indivíduos privados e a autoridade estatal acerca da universalidade dos procedimentos administrativos que dizem respeito à regulamentação da atividade material. Essa disputa está na origem de uma esfera não analisada por Marx e que Habermas denomina de pública, esfera cujo *locus* de organização é o espaço entre a sociedade civil e a autoridade estatal. (Habermas, 1989: 30.)

Não é difícil perceber que o ponto de divergência entre Habermas e Marx é de natureza histórica. Habermas chama

tais como tradição legal, cultura política, padrão associativo, entre outros. Habermas, em artigo recentemente publicado, também incorpora alguns desses aspectos na sua conceitualização de esfera pública. Vide Craig Calhoun, 1992, *Habermas and the Public Sphere*, Cambridge, MIT Press. Jüergen Habermas, 1992, "Further Reflections on the Public Sphere", in: *Habermas and the Public Sphere*. Editado por C. Calhoum. Margareth Sommers, 1993, "Citizenship and the Place of the Public Sphere: law, community and culture in the transition to democracy", *American Sociological Review*, n. 58, pp. 587-620.

a atenção para um fenômeno histórico – a publicização das decisões da autoridade estatal que diziam respeito à esfera material – e indaga em que medida tal fenômeno contém implicações para a análise da política moderna. A existência de uma esfera de discussão entre os indivíduos privados e a autoridade estatal implica no estabelecimento de uma polêmica acerca das características da política em uma esfera que não é privada – já que os interesses individuais estão suspensos – e nem estatal no sentido em que o prestígio derivado da posição administrativo-estatal também está suspenso. Para responder à indagação acerca das determinações do político em tais condições, Habermas passa a analisar dois fenômenos empíricos: a separação entre privacidade e intimidade e a separação entre privacidade e autoridade. A separação entre privacidade e intimidade, o primeiro fenômeno analisado por Habermas, decorre da retirada das atividades produtivas do interior da casa burguesa. É a desvinculação entre atividade material e a subjetividade do indivíduo burguês na esfera privada que dá origem à existência de

> [...] indivíduos capazes de se entenderem como independentes até mesmo das suas relações econômicas, [isto é] de pessoas capazes de estabelecer relações puramente humanas umas com as outras. (Habermas, 1989: 48.)

Tal fenômeno está na origem dos salões e da possibilidade que eles criam de exercício da crítica cultural.

Há um segundo fenômeno histórico que interessa a Habermas em conexão com o surgimento da esfera pública: o fato da burguesia enquanto classe privada propor a publicização como forma de participação no poder político. Para Habermas, o princípio de poder proposto pela burguesia implicava a diferenciação entre poder econômico e poder político e, portanto, na renúncia à pretensão de administrar. A substituição da partilha do poder por um debate "público, crítico e racional" acerca das decisões da autoridade política (Habermas, 1989: 28) assume na *Mudança Estrutural da Esfera Pública* a característica de um fenômeno histórico capaz de transformar as determinações da esfera pública em determinações reais. Para Habermas, o resultado do debate crítico racional ao qual as decisões da autoridade administrativa são submetidas é racional porque ele permite uma correspondência entre razão e interesse geral independentemente das estratificações sociais existentes na esfera material. Nesse sentido, a universalização da política, que Marx supôs ilusória, pode se tornar real uma vez que a suspensão dos interesses materiais corresponde uma pretensão moralmente válida de alcançar um resultado justo e correto. É quando o indivíduo passa a considerar o outro moralmente igual, isto é, como capaz de participar de uma comunidade livre de discussão, que a igualdade política manifesta suas determinações plenas. A suposição marxiana que as condições do exercício da atividade material pudessem impedir o exercício da política enquanto atividade moral não se sustenta na análise da *Mudança Estrutural da Esfera Pública* porque para Habermas a condição de burguês é precondição para a condição de homem e de cidadão[7].

A *Mudança Estrutural da Esfera Pública* está organizada enquanto a apresentação de uma constatação histórica a ser contrastada com os supostos filosóficos do "paradigma da produção". Não existe, a princípio, uma divergência teórica de fundo entre Habermas e Marx uma vez que a análise habermasiana tem como ponto de partida a constatação histórica da existência de uma terceira esfera entre a sociedade civil e o Estado. Além disso, o ponto de partida teórico da análise habermasiana é marxiano na medida em que a origem de tais transformações é atribuída a mudanças na esfera

---

7. Tal colocação aponta na direção de posições divergentes por parte dos dois autores em relação à questão da cidadania. Na obra em que Marx analisou mais profundamente o problema da cidadania, na *Questão Judaica,* sua posição foi a de vincular a cidadania ao fim da estratificação social. Nesse sentido, pode-se dizer que para Marx a condição de burguês é contraditória com a posição de homem e de cidadão. Habermas, na *Mudança Estrutural da Esfera Pública,* aponta para a complementariedade das três condições na medida em que a necessidade de privacidade e de publicidade instauram princípios compatíveis com a cidadania civil e política.

33

material. No entanto, o fato histórico analisado por Habermas é profundamente contraditório com os fundamentos filosóficos do "paradigma da produção". Os problemas por ele suscitados passarão a constituir objeto de reflexão do autor até que, na *Reconstrução do Materialismo Histórico*, Habermas proporá uma separação definitiva entre o processo de produção material e o processo de esclarecimento político, propondo-se a fundamentar cada um desses processos em bases distintas. Antes, porém, de abordar a solução habermasiana ao problema teórico da relação entre os fundamentos da produção material e do debate prático moral, analisaremos uma outra divergência empírica entre Habermas e Marx. Trata-se, nesse caso, da forma como Marx supôs a relação entre crise econômica e crítica enquanto fundamento de um processo de auto-esclarecimento político. Essa dimensão do "paradigma da produção", que nós denominaremos de sociológica, constituiu o centro das reflexões do Marx maduro.

II

A preocupação do jovem Marx com a cisão do ser-genérico entre produtor da sua vida material e participante do processo de auto-esclarecimento político encontra, na obra do Marx maduro, uma formulação capaz de inseri-la na forma como a produção é efetivada nas sociedades capitalistas. Marx irá analisar, no interior das estruturas da sociedade capitalista, o núcleo da cisão entre essas duas dimensões do ser-genérico e os lugares nos quais ela se expressa, quais sejam, na forma específica como o trabalho é socializado nas sociedades capitalistas e na categoria sociológica capaz de impedir que a classe social universalizante entenda a sua ação social dessa maneira. Esses elementos se encontram ligados nas sociedades capitalistas devido à despolitização da forma de efetivação da atividade material. Tal constatação, plenamente compatível com as concepções políticas do jovem Marx, é expressa pelo Marx maduro enquanto a substituição da dependência pessoal pela

34

independência civil baseada na interconexão dos indivíduos pelo mercado:

> O ser humano torna-se indivíduo somente através do processo histórico. Ele aparece originalmente como um ser-genérico (*Gattungswesen*) [...] ainda que de nenhuma maneira enquanto um animal político, no sentido político. A troca constitui o elemento central da individuação. Ela torna supérfluo o caráter gregário e o dissolve. Rapidamente a coisa evolui de tal maneira, que enquanto indivíduo, [o ser humano] relaciona-se somente consigo mesmo [...] Na sociedade burguesa, o trabalhador aparece sem nenhuma objetividade, enquanto a coisa colocada em oposição a ele torna-se a verdadeira comunidade [...]. (Marx, 1858: 496.)

A colocação de Marx expressa de forma sociológica e política as preocupações do autor em 1843-1844. Já não se trata, no entanto, de diagnosticar a cisão do ser-genérico e de propor uma reunificação abstrata das suas *forces propes*. Trata-se, pelo contrário, de perceber que existe uma categoria na estrutura da sociedade capitalista que se encarregaria de instaurar a cisão entre o processo de produção material e o processo de esclarecimento político. Tal categoria, a forma mercadoria, constitui, ao mesmo tempo, o elemento que impede o trabalhador de dominar todos os momentos do processo de produção, e o elemento que impede os trabalhadores de entenderem a relação entre o processo de produção e de auto-esclarecimento. Desse modo, a mercadoria cumpre, nas sociedades capitalistas, o papel de tornar o produto do trabalho um "objeto supra-sensível ou supra-social"[8] (Marx, 1871: 165). Marx trabalha a relação entre o caráter não-interativo da troca do resultado da produção

---

8. Lukács foi o autor que melhor percebeu essa dimensão do pensamento de Marx, ao relacionar a forma mercadoria com a crise de racionalidade. Para ele, "[...] a racionalização de aspectos isolados da vida resulta na criação de leis formais. Diferentes coisas se agregam no que, para o observador externo, parece ser um sistema unificado de leis gerais. No entanto, a desconsideração das características concretas dos sujeitos dessas leis é percebida enquanto uma incoerência do sistema. Essa incoerência torna-se particularmente clara em épocas de crise". Vide Georg Lukács, 1968, *History and Class Consciousness,* London, Merlyn Press, p. 101.

na sociedade capitalista e a incapacidade dos indivíduos conectarem produção e auto-esclarecimento. É porque a mercadoria torna o produto do trabalho supra-sensível que o processo de esclarecimento político dos produtores não ocorre imediatamente. Interessaria ao criador do "paradigma da produção" demonstrar que a mercadoria, ao estruturar uma forma não-interativa de produção econômica, desconectaria a relação interativa entre os indivíduos da coordenação não-interativa do resultado do seu trabalho. Desse modo, o capitalismo, segundo a análise marxiana, haveria constituído a economia enquanto um subsistema autônomo. O objetivo de Marx seria o de demonstrar o caráter ilusório da independência da produção de mercadorias em relação à interação humana. A comparação entre as formas antigas e modernas de produção econômica se encarregaria de esclarecer tal conexão (Marx, 1871: 173) na medida em que as sociedades pré-capitalistas nas quais a produção ocorre de forma transparente se conectariam com as sociedades pós-capitalistas nas quais Marx supunha que a racionalidade voltasse a vigorar. O ser-genérico, ao abolir a forma mercadoria, estabeleceria a correspondência entre produção material e esclarecimento político.

A forma como tal correspondência seria reestabelecida nos remete a um segundo aspecto do "paradigma da produção", qual seja, o da relação entre crise e crítica. Marx trabalha, a partir do momento em que ele passa a supor que o motor da história são as contradições de classe de uma determinada formação social, com a idéia de crise. Ele entende a idéia de crise de forma semelhante à definição posterior da teoria dos sistemas, isto é, como uma situação na qual uma determinada formação social necessitaria de mais energia para se reproduzir do que a quantidade de energia necessária para introduzir um novo princípio de organização social (Luhmann, 1982). Nesse sentido, as crises econômicas desencadeariam processos de esclarecimento político entendidos enquanto a discussão pelos diferentes atores sociais acerca dos limites de uma determinada formação social e da necessidade de se introduzir um novo princípio de organização social. O interessante, no entanto, é perceber que se esse processo faz parte do próprio movimento da história, tal como concebido por Marx, ele assume uma forma específica no modo de produção no qual a interação social comunitária é substituída pela forma impessoal do intercâmbio de mercadorias.

A despolitização da forma de legitimação da atividade econômica constitui, para Marx, a característica principal do capitalismo liberal, uma constatação que possui significado sociológico e epistemológico. O significado sociológico está relacionado com a singularidade da sociedade capitalista, uma sociedade na qual as relações entre os agentes de produção constituem, simultaneamente, relações entre classes, tornando o princípio de diferenciação sistêmica, que torna possível a produção, uma forma de conflito político. Tal como *O Capital* nos mostra, as classes sociais podem se relacionar nas sociedades capitalistas ou enquanto proprietárias de um entre os três fatores de produção ou enquanto atores coletivos que possuem interesses contraditórios. Se, na maior parte dos momentos do processo capitalista de produção, os membros das diferentes classes sociais assumem a postura de intercambiadores de mercadorias, tal fato está relacionado a um fenômeno exclusivamente epistemológico: o fato "da forma mercadoria imprimir sua marca na consciência dos indivíduos [...]" (Lukács,1968: 100). Marx estabelece, portanto, uma relação estreita entre a forma mercadoria e a origem do processo epistemológico de reapropriação das *forces propes* do ser-genérico. É essa conexão íntima entre uma categoria de organização da economia e uma forma de legitimação capaz de impedir o reconhecimento de uma situação de dominação que estabelece a relação entre crise e crítica no pensamento marxiano. Para o autor de *O Capital*, a crise econômica constitui, simultaneamente, crise de uma forma de acumulação do valor e crise de uma forma de legitimação do intercâmbio de mercadorias. Ambas estão associadas por um ponto de partida que conecta, ainda que de forma contraditória, intercâmbio de mercadorias e interação social:

Dizer que esses processos [a compra e venda de mercadorias L.A.], mutuamente independentes e antitéticos, formam uma unidade interna significa dizer que sua unidade interna se move através de antíteses externas. Os dois processos carecem de independência interna porque eles complementam um ao outro. Portanto, se a afirmação da sua independência externa caminha na direção de um ponto crítico, a sua unidade se faz sentir violentamente produzindo uma crise. Existe uma antítese, imanente à mercadoria, entre valor de uso e valor, entre trabalho privado que deve se manifestar diretamente como trabalho social e [...] como trabalho universal abstrato, entre a conversão das coisas em pessoas e a conversão das pessoas em coisas. As fases antitéticas da metamorfose da mercadoria são as formas desenvolvidas de movimento dessa contradição imanente. (Marx, 1871: 209.)

É a contradição entre a forma interativa e a forma não-interativa, ambas contidas no processo de produção capitalista, que desencadeia as crises econômicas que constituem o momento no qual o indivíduo produtor de mercadorias volta a se entender enquanto membro de uma comunidade e inicia um processo de esclarecimento político capaz de conduzir à unidade entre vida material e vida política. Tal processo, na forma como Marx o descreve é possível apenas no capitalismo porque apenas no capitalismo as crises sistêmicas tornam-se crises de uma forma determinada de integração social. Nesse sentido, da forma como Marx conecta crise econômica e reapropriação de uma capacidade interativa de reflexão sobre o mundo, ele unifica a dimensão técnica de controle da natureza envolvida na produção econômica com a dimensão normativa da discussão sobre a forma ideal de organização da relação entre os homens. É justamente esse pressuposto do "paradigma da produção" derivado da relação entre crise e crítica que vai constituir o ponto de divergência de Habermas com as formulações do Marx maduro.

A Crise de Legitimidade do Capitalismo Tardio se propõe, em relação à formulação do "paradigma da produção" pelo Marx maduro, a mesma questão que *A Mudança Estrutural da Esfera Pública* se propôs em relação às formulações do jovem Marx. Trata-se, mais uma vez, de se saber se, ao nível empírico, a idéia marxiana da unidade entre integração social e integração sistêmica e a relação entre crise e crítica se sustentariam. Interessa a Habermas responder a essa questão em um contexto específico, qual seja, o da forma assumida pelas crises no capitalismo tardio. Habermas parece, portanto, aceitar a colocação marxiana acerca das crises do capitalismo liberal enquanto exemplo de uma contradição dialética entre membros de um contexto interativo, capaz de assumir a forma de "contradição sistêmica insolúvel" (Habermas, 1975: 30). O que interessa ao autor da *Crise de Legitimidade do Capitalismo Tardio* é indagar até que ponto as mudanças na passagem da forma liberal para a forma tardia do capitalismo nos permitem entender as crises do capitalismo tardio enquanto crises sistêmicas. Tal preocupação expressa-se na forma de duas perguntas específicas: 1) "Seriam as estruturas do capitalismo avançado capazes de criar espaço para uma autotransformação evolutiva da contradição entre produção socializada e objetivos não-generalizáveis?" 2) "Seriam as estruturas do capitalismo avançado suficientes para descartarmos definitivamente as crises econômicas? Em caso negativo, conduziriam tais crises econômicas, tal como supôs Marx, através da crise social à crise política [...]?" (Habermas, 1973: 39-40).

Não é difícil perceber que ambas as perguntas remetem ao cerne do "paradigma da produção" ao indagarem acerca da persistência de uma forma de contradição interna à produção capitalista, e acerca da capacidade de tal contradição de conduzir à crise social e dessa à crise política. A resposta habermasiana na *Crise de Legitimação do Capitalismo Tardio* constitui uma resposta empírica. Ela envolve a discussão do papel exercido por duas estruturas capazes de alterar a relação entre integração social e integração sistêmica e entre crise e crítica. A primeira dessas estruturas é o Estado regulador e sua atuação no sentido de longo prazo da acumulação capitalista[9]. Para Habermas, na medida em que o

---

9. As colocações habermasianas sobre o Estado estão baseadas principalmente na *Crise Fiscal do Estado* de James O'Connor. O'Connor demonstra que um terço da economia americana está nas mãos de um setor estatal que se encarrega de duas funções: o investimento social e o con-

Estado assume a tarefa de intervir na esfera da economia para evitar crises sistêmicas, ele faz com que as relações econômicas entre as classes percam a sua forma apolítica. Desse modo, a relação entre integração social e integração sistêmica deixa de depender exclusivamente da forma mercadoria, tal como supôs Marx, tornando-se dependente de um princípio de organização política. Há, todavia, uma segunda constatação empírica tão importante quanto a primeira e em cujos efeitos Habermas também está interessado: trata-se da forma da organização da legitimidade no capitalismo tardio, isto é, de se saber se a estabilidade de uma forma de integração sistêmica é capaz de assegurar a integração social (Habermas, 1975: 69). Mais uma vez, Habermas irá apontar para os limites empíricos do "paradigma da produção" ao apontar para a autonomia da esfera simbólica em relação à esfera econômica. Diferentemente do suposto por Marx, a esfera cultural enquanto esfera da articulação simbólica é capaz de produzir legitimidade política independentemente dos destinos da forma mercadoria[10]. As

---

sumo social. O investimento social seria constituído pelo gasto estatal encarregado de socializar partes do processo produtivo evitando crises de reprodução do capital. O consumo social seria o gasto estatal que objetivaria melhorar as condições da integração social evitando crises sociais. Ao desempenhar ambas funções, o Estado introduz um elemento político na relação entre integração social e integração sistêmica na medida em que ele desvincula legitimação e regulação econômica da relação direta entre os agentes sociais. Vide James O'Connor, 1973, *The Fiscal Crisis of the State,* New York. Vide também Claus Offe, *Problemas Estruturais do Estado Capitalista,* Rio de Janeiro, Tempo Brasileiro.

10. Na verdade, a resposta dada por Habermas à questão da cultura na *Crise de Legitimidade do Capitalismo Tardio* é uma resposta condescendente com Marx. Ao situar suas divergências com Marx no plano das novas funções legitimadoras assumidas pelo Estado, Habermas deixa de lado formulações anteriores como as de *Teoria e Praxis* nas quais ele já apontava claramente na direção de um fundamento normativo da relação contratual. Tal fundamento expressaria a existência de um componente cultural enquanto fundamento do contrato. Vide Seyla Benhabib, 1984, "Obligation, Contract and Exchange", in: *The State and Civil Society: Studies in Hegel's Political Philosophy.* Editado por Z. Pelczynski, Cambridge, Cambridge University Press. Jüergen Habermas, 1973, *Theory and Praxis,* Boston, Beacon Press.

constatações empíricas feitas por Habermas no campo da política e da organização da cultura lhe permitem, portanto, afirmar que, no capitalismo avançado,

[...] os distúrbios no crescimento econômico podem ser processados através dos sistemas político e cultural. Estou, portanto, convencido de que a contradição representada pela produção socializada para fins particulares assume novamente uma forma política [...]. (Habermas, 1973: 40.)

Tal como na *Mudança Estrutural na Esfera Pública*, o autor aponta na direção de uma deficiência empírica capaz de contradizer um pressuposto teórico do "paradigma da produção". No caso das sociedades capitalistas avançadas, Habermas aponta a emergência de dois complexos, o sistema político e o sistema cultural. Ambos complexos, na medida em que passam a ter os seus fundamentos separados da esfera da produção material, permitem formas de legitimação do capitalismo independentes da estrutura de acumulação do valor. Nesse sentido, a resposta habermasiana à pergunta empírica formulada em relação ao "paradigma da produção" aponta na direção de uma autonomia entre política e economia e, portanto, na direção da desvinculação entre integração social e integração sistêmica. *A Crise de Legitimação do Capitalismo Tardio*, tal como *A Mudança Estrutural da Esfera Pública*, representaria uma tentativa de apontar para um fenômeno empírico capaz de problematizar o elemento central do "paradigma da produção", qual seja, a suposição das determinações ilusórias ou falsas da política. Em ambas as obras, Habermas não questiona os fundamentos do "paradigma da produção", na medida em que, em uma, ele adota como ponto de partida as transformações materiais capazes de alterarem a natureza da esfera pública, e, na outra, ele continua aceitando o postulado básico marxiano enquanto aplicável às sociedades liberais. Todavia, não é possível negar, conhecendo a trajetória do autor, que ambas as questões acabaram por servir de base a um questionamento mais profundo dos pressupostos do "paradigma da produção", questionamento esse que terminou conduzindo a dois resultados: a defesa de uma separação definitiva entre produção material e esclarecimento político introduzida entre outras obras na *Reconstrução do Materialismo Histórico* e a fundamentação de uma dimensão prático-moral introduzida a partir dos pressupostos de um outro paradigma denominado "paradigma da comunicação". Na seção conclusiva deste capítulo, nós iremos seguir o itinerário de criação do "paradigma da comunicação" para demonstrar o novo lugar ocupado pela política no pensamento habermasiano.

III

Existe uma mudança fundamental de postura por parte de Habermas entre o momento em que ele escreve as duas obras acima analisadas e o momento em que ele passa a pensar na construção de um novo paradigma. Se, nas duas obras acima analisadas, o ponto de partida habermasiano é o próprio "paradigma da produção", o autor da *Reconstrução do Materialismo Histórico* está claramente interessado nas insuficiências analíticas do "paradigma da produção". Nessa obra, o autor retoma sua discussão com Marx a partir de duas perspectivas complementares: em primeiro lugar, interessa-lhe discutir a abordagem marxiana da história enquanto análise sobre a história do gênero, isto é, enquanto teoria da evolução de um ser social capaz de operar reflexivamente (Habermas, 1976: 112). Por outro lado, Habermas sabe que, para Marx, tal atividade tem lugar enquanto reflexão sobre "[...] a fabricação dos meios da produção e [d]a organização social", ambas entendidas enquanto "forma econômica de reprodução da vida" (Habermas, 1976: 115). Ao dialogar com Marx a partir dessa perspectiva, Habermas pretende reunir as suas preocupações tanto em relação à obra do jovem Marx quanto em relação à obra do Marx maduro. No que diz respeito à obra política do jovem Marx, ele mantém a indagação sobre as características dos processos econômico e político entendidos enquanto história do ser-genérico. Em relação à concepção política do Marx maduro, ele mantém a indagação acerca da possibilidade de reduzir à dinâmica do trabalho social os problemas envolvidos no processo de esclarecimento político do ser-genérico. Ambas as dimensões da obra de Marx vão ser reduzidas a uma indagação, qual seja, se seria possível estabelecer uma relação direta entre evolução do gênero e o processo de transformação material da natureza. Tal indagação é relevante para se estabelecer a plausibilidade das colocações tanto do Marx jovem quanto do Marx maduro sobre a política. Se o processo de aprendizagem do ser-genérico não for determinado pela sua capacidade de refletir sobre o processo de produção material, então tanto a formulação do Marx jovem sobre a ilusoriedade da universalidade da política quanto a formulação do Marx maduro sobre a centralidade epistemológica da forma mercadoria caem por terra. O método a partir do qual o autor da *Reconstrução do Materialismo Histórico* pretende responder essa pergunta é inverso ao método utilizado nas duas obras mencionadas acima. Não se trata mais de apresentar evidências empíricas a uma teoria que se supõe correta. Trata-se de apresentar evidências empíricas capazes de demonstrar que a forma de aprendizado suposta pelo "paradigma da produção" é insuficiente para determinar o processo de esclarecimento político. A evidência empírica a qual Habermas recorre é o fato dos sistemas políticos e de legitimação apoiarem-se no reconhecimento intersubjetivo e não nas formas de coerção[11]. O fundamento normativo-político que Habermas

---

11. A base empírica na qual Habermas apóia tais constatações são os resultados dos estudos feitos por Piaget e Kohlberg demonstrando que os diferentes níveis de aprendizado relacionados com a emergência de novos níveis de organização moral e política não correspondiam às novas formas de organização da produção material e sim "[...] a graus de desenvolvimento da consciência moral que correspondem aos níveis de competência interativa". Nesse sentido, a evolução moral não estaria baseada na superação do conflito decorrente da organização contraditória da produção material e sim em graus progressivos de reconhecimento dos outros indivíduos enquanto iguais. Conseqüentemente, as diferentes concepções de justiça fundantes da idéia de igualdade e de liberdade política teriam um fundamento próprio. Vide Jürgen Habermas, *Para a Reconstrução do Materialismo Histórico,* São Paulo, Brasiliense, p. 116.

43

identifica com o surgimento da linguagem mostra que existe um princípio de evolução e de aprendizado que se estrutura ao largo do processo de desenvolvimento técnico e não se relaciona diretamente com formas econômicas de dominação. Três conseqüências fundamentais são retiradas dessa constatação:

1. A evolução nas formas de controle da natureza significa apenas a substituição de um processo de organização do trabalho por outro.

2. Os problemas na organização de uma forma sistêmica de dominação não são capazes de determinar o resultado da discussão desses problemas pelos atores sociais.

3. O processo de aprendizado político envolve uma dimensão prático-moral.

A colocação habermasiana tem o efeito de uma revolução copernicana no pensamento de Marx. Se, de fato, tal como supõe o autor da *Reconstrução do Materialismo Histórico*, o processo de esclarecimento político tem uma base prático-moral desconectada do processo social de controle da natureza, então, as bases da emancipação política não mais remetem nem às formulações do jovem Marx nem às formulações do Marx maduro. As formulações do jovem Marx deixam de fazer sentido na medida em que a reflexão sobre o controle da natureza externa só é capaz, na acepção habermasiana, de aumentar o controle sobre a própria natureza externa e, nesse sentido, não leva à reunificação das essências econômica e política do ser-genérico. As formulações do Marx maduro deixam de fazer sentido na medida em que a forma mercadoria deixa de estar vinculada ao processo de emancipação política e passa a estar vinculada apenas ao processo de produção de mercadorias. Para Habermas, o esclarecimento político remete ao processo prático-moral de reconhecimento dos indivíduos enquanto iguais, na sua capacidade de atores políticos. Tal colocação constitui o ponto de chegada de um processo de investigação crítica das categorias marxianas que havia começado mais de vinte anos antes. Na *Teoria da Ação Comunicativa,* tal ponto de chegada poderá, então, se converter em ponto

44

de partida para a exposição de uma teoria que passa a ter fundamentos prático-morais[12].

A *Teoria da Ação Comunicativa* tem como ponto de partida do assim chamado "paradigma da comunicação" a suposição de que a utilização pragmática da linguagem pelos agentes sociais é orientada para o consenso. A possibilidade desse consenso é derivada, por Habermas, da constatação de que os indivíduos agem assumindo diferentes atitudes em relação às dimensões objetiva, subjetiva e social de um mundo dotado de sentido. Ao agir em cada uma dessas dimensões, o ator social, para imprimir sentido à sua ação, necessita alcançar um consenso com outros indivíduos acerca de um estado de coisas no mundo objetivo, acerca de um modo de agir normativamente válido no mundo social e acerca de uma forma de expressão da sua experiência subjetiva (Habermas, 1984), (Cooke, 1994). A ação comunicativa, entendida enquanto a dimensão fundante da ação social na modernidade, supõe a precedência de uma dimensão interativa no interior da qual os indivíduos formam as suas identidades e tornam-se capazes de entender o sentido que eles imprimem às suas ações[13]. Habermas, ao propor o

---

12. Na verdade, o método habermasiano não distingue entre o processo de investigação e o processo de exposição tal como o método marxiano. No entanto, eu não resisti em coquetear com a terminologia marxiana. Vide Karl Marx, 1858, *Grundrisse,* London, Penguin Books. Karl Marx, 1871, *The Capital,* London, Penguin Books.

13. Habermas denomina essa dimensão interativa de mundo da vida, um conceito que ele resgata de Husserl e Schutz e ao qual ele acrescenta uma dimensão parsoniana inspirada na categoria de comunidade societária (*societal community*). De Husserl e Schutz ele resgata a idéia de um pano de fundo cultural que permite aos indivíduos interagirem em um mundo pré-interpretado. De Parsons, ele resgata a idéia de uma dimensão da sociedade especializada na integração social. O mundo da vida habermasiano não se limita apenas à idéia de um pano de fundo cultural. Ele possui também, como pano de fundo, normas e experiência subjetivas, assim como práticas e habilidades individuais. Desse modo, para Habermas, o mundo da vida se constitui em uma esfera de reflexivização da cultura, das normas e das práticas institucionais. Vide Jürgen Habermas, *The Theory of Communicative Action.* Seyla Benhabib, 1986, *Critique, Norm and Utopia,* New York, Columbia University Press, p. 238.

princípio básico do "paradigma da comunicação", distingue, portanto, o processo de transformação da natureza, que para ele constitui uma atividade instrumental, do processo de atribuição de significado aos mundos objetivo, social e subjetivo. Para ele, tal distinção implica considerar as esferas da moral, da ciência e da arte prioritárias no desenvolvimento dos potenciais da ação comunicativa. Desse modo, o que irá interessar a Habermas em relação à esfera da política será a possibilidade que ela abre para um processo de debate e crítica cujos critérios de validade sejam internos e cujo método de discussão aceite formalmente a idéia de igualdade no que tange tanto a participação de outros indivíduos quanto a relevância dos argumentos por eles levantados.

O ponto de partida prático-moral adotado por Habermas na *Teoria da Ação Comunicativa* remete a duas dimensões importantes da política:

1. A primeira dimensão é a do reconhecimento do outro enquanto um igual. A igualdade prático-moral entre indivíduos membros de uma comunidade de participação implica para Habermas o reconhecimento tanto do modo de vida particular do outro, isto é, do pano de fundo cultural no qual ele se apóia para formar a sua própria identidade, quanto no reconhecimento de que a normatividade democrática exige a participação dos atores sociais no processo político. Nesse sentido, o reconhecimento do outro remete a dois complexos de direitos: os direitos civis sem os quais os modos de vida particulares não sobreviveriam (Habermas, 1994b) e os direitos de comunicação e participação necessários para que os atores sociais se sintam partícipes da normatividade política à qual eles estão vinculados.

2. Existe uma segunda dimensão política decorrente do ponto de partida prático-moral que é a idéia de democracia. A obra habermasiana supõe uma dimensão comunicativa e interativa na qual os atores sociais, através da utilização da linguagem, participam de um debate crítico-racional acerca da organização normativa e política da sociedade em que eles vivem. Desse modo, o autor adota uma visão do

processo político nas sociedades modernas de acordo com o qual o substrato normativo da política implica a procedimentalização da democracia em nível societário. O princípio de inclusão dessa forma de autodeterminação societária é a inclusão de todos os atores sociais enquanto membros de uma comunidade de comunicação. O princípio de organização é o livre-debate precedido de uma ampla garantização dos direitos de comunicação. O princípio de legitimação é a idéia do pertencimento a uma comunidade capaz de tornar os indivíduos co-autores das normas que pautam suas próprias ações. Habermas supõe que a democracia implica um processo de autolegislação e constitui, portanto, uma forma de autodeterminação política da comunidade[14]. O conceito de democracia enquanto forma de organização do debate prático-moral possui dois componentes: um componente de autodeterminação da história do gênero e um outro emancipatório. O primeiro componente está ligado ao fato dos indivíduos, ao longo da história do gênero, constituírem formas de organização política cada vez mais generalizantes e cada vez mais inclusivas. O componente emancipatório estaria ligado ao fato dos potenciais morais inerentes à racionalidade comunicativa pressuporem um projeto de aprofundamento da democracia.

Os elementos estruturadores do "paradigma da comunicação" retiram o sentido substantivo do "paradigma da

---

14. O entendimento da política enquanto forma de autodeterminação da comunidade não torna Habermas um republicanista. O próprio autor se distingue dos republicanistas ao afirmar que, "[...] diferentemente do republicanismo, eu entendo os princípios do Estado constitucional enquanto uma resposta consistente à questão de como é possível institucionalizar as formas de comunicação da opinião pública e da formação da vontade política". Nesse sentido, a teoria habermasiana aceita um elemento do republicanismo que é o entendimento da política enquanto autodeterminação da comunidade e rejeita um outro elemento que é a suposição de autores como Hannah Arendt e Rousseau acerca da impossibilidade de institucionalização de tais procedimentos. Vide Jürgen Habermas, 1994, "Three Normative Models of Democracy", *Constellations,* n. 1. Vide também Jürgen Habermas, 1995, *Between Facts and Norms,* Capítulo 7 (no prelo).

produção" na medida em que relacionam a emancipação política com a forma da prática democrática. É ao nível dos processos de formação da identidade e produção da solidariedade e, principalmente, do processo de argumentação moral que as possibilidades de emancipação dos indivíduos estão localizadas. Se tal colocação não deixa margem a quaisquer dúvidas sobre a ruptura do autor da *Teoria da Ação Comunicativa* com a proposta substantiva de organização política própria ao pensamento marxiano, o interessante, no entanto, é perceber a profunda identidade que ela mantém com certos aspectos centrais do pensamento marxiano, especialmente, com a suposição de uma contradição entre interação social e organização sistêmica, na medida em que o "paradigma da comunicação" pressupõe ao lado do elemento emancipador, um elemento de institucionalização seletiva capaz de explicar porque os potenciais democráticos da modernidade ainda não foram plenamente realizados.

O "paradigma da comunicação" explica a institucionalização seletiva dos potenciais democráticos da modernidade na forma como os potenciais comunicativos da linguagem se estruturam em uma modernidade na qual eles não constituem a forma única de ação social. Habermas entende a modernidade não apenas enquanto o período no qual a ação comunicativa se desenvolve livremente. Ele a entende também enquanto o momento no qual ocorre a diferenciação entre racionalidade comunicativa e complexidade sistêmica, essa última, entendida enquanto o desenvolvimento "[...] de organizações crescentemente autônomas, conectadas umas com as outras através de meios de comunicação não-lingüísticos" (Habermas, 1984, II: 154). Habermas tem em mente "formas de inter-relação social amplamente desconectadas de valores" em especial a forma como o mercado e o Estado moderno coordenam de modo não-lingüístico a ação social. Não é difícil perceber que a forma dualística através da qual o autor da *Teoria da Ação Comunicativa* entende a modernidade recoloca o problema da relação entre duas formas distintas de coordenação da ação. Por um lado, o que dá estabilidade à ordem social moderna é a forma interativa como a integração social ocorre no interior do mundo da vida, dimensão na qual o consenso através da linguagem constitui uma forma de coordenação da ação (Habermas, 1984, II: 94). Por outro lado, as sociedades modernas possuem um segundo mecanismo de coordenação da ação, um mecanismo não-lingüístico, capaz de facilitar a ação na medida em que objetifica a sociedade. Esse mecanismo que Habermas denomina de sistêmico permite que nas esferas da economia e administração pública emerjam "sistemas de ação eticamente neutralizados", no interior dos quais os indivíduos se orientam estrategicamente. As formas não-lingüísticas de coordenação da ação implicaram, ao longo da modernidade, em uma forma seletiva de institucionalização da democracia.

A forma como Habermas supõe a institucionalização seletiva dos potenciais da democracia é homóloga à forma como Marx tematiza as contradições provocadas pela forma mercadoria: enquanto oposição entre interação social e organização sistêmica. Para Marx, é o fato da organização da sociedade capitalista remeter a uma dimensão interativa que determinava a possibilidade dos atores refletirem sobre a política de forma prática. É essa dimensão do "paradigma marxiano" que Habermas não só mantém como aprofunda na *Teoria da Ação Comunicativa*. Ao associar mundo da vida e a idéia de racionalidade comunicativa a uma dimensão interativa na qual a produção do sentido ocorre, Habermas mantém a forma como a contradição entre interação humana e a operação de um subsistema desvinculado de valores é apresentada em *O Capital*. Se, para Habermas, a interação humana se expressa enquanto a capacidade de chegar a um consenso comunicativo sobre os mundos objetivo, social e subjetivo, ela também se expressa em contradição com a organização não de um, mas de dois subsistemas, contradição essa que assume uma dimensão prático-moral ao alcance dos atores sociais. É esse o sentido que podemos atribuir à afirmação do autor de que ele continua explicando

[...] o modelo seletivo de modernização capitalista e as correspondentes patologias de um mundo da vida unilateralmente racionalizado nos termos de um processo de acumulação capitalista amplamente desvinculado de qualquer orientação para valores de uso.

Ou seja, a racionalização sistêmica produzida pela economia de mercado levou à institucionalização seletiva dos potenciais comunicativos inerentes à modernidade. Todavia, para Habermas, a solução para esse dilema não é, tal como supôs Marx, a extensão dos potenciais comunicativos na direção da esfera da economia. Para o autor da *Teoria da Ação Comunicativa*, a ampliação desses potenciais no próprio mundo da vida já é emancipadora.

Há uma segunda dimensão da *Teoria da Ação Comunicativa* que nos remete às características estruturais da obra marxiana. Trata-se da conexão entre a contradição provocada pela racionalização unilateral do mundo da vida e a forma como tanto os atores sociais quanto os cientistas sociais são capazes de apreendê-la. Habermas supõe que os atores sociais que procuram evitar a continuação do processo de colonização do mundo da vida apreedem a mesma dimensão da realidade social resgatada pelo cientista social. Nesse sentido, ele mantém a preocupação marxiana de demonstrar que as categorias da sua obra expressam características de uma forma específica de sociedade:

> O que Marx mostrou ser o caso em relação à categoria do trabalho é verdade também aqui: como as categorias mais abstratas apesar da sua validade [...] em todas as épocas são, mesmo assim, no seu caráter específico de abstração, um produto de relações históricas [...] A *Teoria da Ação Comunicativa* pode explicar porque isso ocorre: porque o desenvolvimento da sociedade deve ele mesmo dar origem a situações problemáticas capazes de fornecer aos [atores que lhes são] contemporâneos acesso privilegiado às estruturas gerais do mundo da vida (Habermas, 1984, II: 403).

A homologia entre o que o cientista social é capaz de apontar, enquanto a dimensão válida da realidade social, e o que os atores sociais entendem como as disputas políticas centrais da época em que vivem, torna a política atividade prática. Habermas supõe que os atores sociais vivenciam cotidianamente as contradições decorrentes da institucionalização seletiva dos potenciais da comunicação, potenciais esses, ligados à duplicidade institucional das formas de organização prevalescentes nas sociedades modernas (Cohen, 1992). A renovação desses potenciais é, portanto, concebida de forma homóloga à defesa dos potenciais do indivíduo produtor feita por Marx. A ampliação da democracia implica a defesa de um princípio moral associado a uma forma interativa, ambos antecipados pelo cientista social aos atores políticos interessados na completude dos potenciais emancipatórios da modernidade.

O diálogo entre Habermas e Marx representa, desse modo, a primeira etapa do processo de construção da política enquanto atividade prático-moral. A análise habermasiana desloca o processo de autoconstrução da história do gênero do campo do indivíduo produtor das condições da sua vida material para o campo do indivíduo produtor do processo de organização política da comunidade em que vive. No próximo capítulo, uma segunda dimensão da construção da política enquanto atividade moral será abordada através da reconstrução do diálogo entre Habermas e Weber, diálogo esse centrado no fundamento moral do processo de racionalização das sociedades ocidentais.

3. HABERMAS E WEBER: DA INSTRUMENTALIZAÇÃO DA MORAL AOS FUNDAMENTOS MORAIS DA DEMOCRACIA

O resgate da teoria weberiana da racionalidade, na *Teoria da Ação Comunicativa* não é, à primeira vista, surpreendente. Afinal, Habermas é um autor da segunda geração da assim chamada Escola de Frankfurt e, enquanto tal, não deveria causar maiores surpresas a busca, na teoria weberiana da racionalidade, dos elementos de um conceito que, sabidamente, inspirou Horkheimer e Adorno[1]. O que surpreende o leitor da *Teoria da Ação Comunicativa* é o fato

1. O conceito de racionalidade presente nas obras da primeira geração da Escola de Frankfurt tem duas inspirações importantes: uma primeira é, evidentemente, a obra de Marx cujo espectro está permanentemente presente na obra principal de Horkheimer nos anos 30, *A Teoria Crítica* (trad. bras., Perspectiva, 1990). A inspiração weberiana passará a ter preponderância a partir dos anos 40, expressando-se, sobretudo, na obra conjunta de Adorno e Horkheimer *A Dialética do Esclarecimento*.

de Habermas buscar em Weber não os elementos de um conceito instrumental de racionalidade com o qual a obra de Weber foi por muito tempo identificada, mas os elementos de uma fundamentação cultural do conceito ocidental de racionalidade, conceito esse que aponta na direção oposta aos fenômenos analisados pela primeira geração da Escola de Frankfurt.

Os últimos quinze anos testemunharam um enorme processo de reavaliação das intenções e do conteúdo da obra weberiana. Dois são os motivos que levaram à rediscussão sobre as intenções centrais, bem como, à reavaliação da relevância das diversas obras escritas por Weber: em primeiro lugar, o estado assistemático e inacabado da obra weberiana, causado ou por intenções irrealizáveis ou pelo engajamento em polêmicas cuja relevância teórica jamais ficou estabelecida[2]. O estado inacabado como Weber deixou sua obra, especialmente sua sociologia da religião, acabou obscurecendo as intenções originais do autor e permitindo que Mariane Weber apresentasse *Economia e Sociedade* como a principal obra do autor (Tenbruch, 1980). O caráter fragmentário de *Economia e Sociedade*, assim como a dificuldade em identificar uma temática comum à obra, não foi levado suficientemente em conta pela primeira geração de sociólogos weberianos. Um outro motivo dificultou ainda mais o entendimento das preocupações centrais da obra weberiana: trata-se da forma como essa foi introduzida na academia americana por Talcott Parsons. Ao transformar aquilo que havia sido originalmente escrito como introdução aos *Ensaios de Sociologia da Religião* em introdução à edição americana da *Ética Protestante e o Espírito do Capitalismo*,

---

2. Refiro-me, aqui ao esforço dispendido por Weber em sua polêmica com Roscher e Knies. Todos os dois autores permaneceram obscuros e o tempo nela dispendido tornou-se irrecuperável. Esse elemento biográfico da vida de Weber nos faz lembrar de Karl Marx e sua polêmica completamente infrutífera com Herr Vogt. Esse não seria o único traço biográfico comum entre os dois autores cuja obra fragmentária motivou inúmeras polêmicas entre seus seguidores. Para uma comparação entre os dois autores, vide Karl Löwith, 1982, *Max Weber and Karl Marx*, London, Georg Allen & Unwin.

Parsons acabou contribuindo para que se perdesse de vista que a contribuição decisiva de Weber à sociologia pretendia ser uma análise sobre a racionalização do ocidente apoiada em um estudo comparativo sobre as religiões mundiais[3]. Tal estudo teria como objetivo mostrar a natureza cultural do processo singular que conduziu à racionalização do ocidente. É essa dimensão do pensamento weberiano que Habermas resgata na *Teoria da Ação Comunicativa*.

Este capítulo terá três partes: em uma primeira parte, procuraremos mostrar, seguindo as análises recentes de Schluchter e Tenbruck, quais são os elementos principais da tipologia da racionalização das religiões mundiais proposta por Max Weber. Em uma segunda parte, iremos mostrar o modo como Habermas resgata essa tipologia e, ao mesmo tempo, nega as duas teses fundamentais defendidas por Weber: 1) a tese acerca da contradição entre ética e secularização e 2) a tese acerca da identificação da modernidade com o politeísmo de racionalidades. Na parte final deste trabalho iremos apontar os elementos principais da crítica habermasiana à identificação por Weber da política moderna com o processo de instrumentalização da moral. Nosso objetivo será demonstrar que a crítica à concepção da racionalização da moral em Weber irá fundamentar a defesa por Habermas, com Weber e contra Weber, do conteúdo moral da democracia.

I

Max Weber iniciou os seus *Estudos de Sociologia da Religião* com a seguinte afirmação:

---

3. Benjamin Nelson sempre protestou contra a parsonização de Weber nos Estados Unidos. Apenas na década de 80, a crítica à recepção da obra de Weber naquele país tornou-se senso comum entre os estudiosos do autor. A tradução da *Ética Protestante* por Parsons tem sido também crescentemente criticada por ter tecnificado a terminologia weberiana. Vide Benjamin Nelson, 1974, "Max Weber's Author Introduction (1920): A Master Clue to His Aims", in *Sociological Inquiry*, n. 4, pp. 269-278.

No estudo de qualquer problema de história universal, um filho da moderna civilização ocidental está sujeito a indagar a qual combinação de fatores deve-se o fato de, na civilização ocidental e apenas na civilização ocidental, haverem surgido fenômenos culturais [...] que se assentam em uma trajetória de desenvolvimento com significado e valor universais. (Weber, 1930.)

A citação acima, que aparece regularmente nas edições da *Ética Protestante e o Espírito do Capitalismo* sob o título de introdução do autor, não fez parte da primeira edição do livro de 1904-1905 e tampouco fez parte de qualquer edição publicada durante a vida de Max Weber (Nelson, 1974). Na verdade, ela foi escrita enquanto introdução aos *Ensaios de Sociologia da Religião*. Tal fato tem mais do que um valor meramente filológico na medida em que nos remete a um elemento fundamental da concepção weberiana de racionalidade: a primazia cultural do processo de racionalização do ocidente, processo esse ligado ao desenvolvimento das religiões mundiais.

Max Weber rejeitava a oposição entre o religioso e o secular defendida tanto pelos pensadores iluministas quanto pelos evolucionistas. Para ele, a racionalização do ocidente não poderia ser reduzida a uma mera oposição histórica através da qual o surgimento da ciência e dos métodos empíricos se encarregariam de retirar o véu da obscuridade capaz de impedir o livre desenvolvimento da racionalidade. Weber, ao romper com o evolucionismo e o empiricismo por trás dessas concepções, se propõe a abordar a racionalização através de uma tipologia de formas de ação ligadas aos processos de desenvolvimento das diferentes religiões mundiais[4]. Os principais elementos dessa tipologia seriam:

4. Nos seus *Ensaios de Sociologia da Religião*, Weber se propôs a estudar as religiões mundiais ou seja, "[...] aqueles cinco sistemas religiosos ou religiosamente determinados de regulamentação da vida que agruparam em torno de si multidões especialmente numerosas de adeptos: as éticas religiosas confuciana, hindu, budista, cristã e islâmica". Vide Max Weber, 1915, "A Ética Econômica das Religiões Universais", in *Ensayos de Sociologia Comparada de la Religión*. Editado por M. Weber, Madrid, Taurus.

1) uma construção teórica das diferentes etapas do desenvolvimento sociocultural; 2) uma reconstrução de histórias desenvolvimentais específicas enquanto diferentes casos de racionalização e 3) uma comparação do sentido do desenvolvimento das religiões mundiais capaz de explicar a singularidade cultural do processo de racionalização do ocidente, especificidade essa ligada ao surgimento da ética protestante. Não é, portanto, difícil perceber o tamanho da ruptura entre Weber e o iluminismo no que concerne a conceituação da idéia de racionalização. Para o autor dos *Ensaios de Sociologia da Religião*, a racionalização envolve uma sistematização de idéias e de comportamentos no mundo e, enquanto tal, não opõe ciência e religião, sagrado e secular.

O ponto de partida da tipologia do desenvolvimento das religiões mundiais é a tentativa da cultura de sistematizar o mundo natural, seja no seu aspecto mágico, seja no seu aspecto moral. Para Weber, a magia significa a arbitrariedade de uma forma de expressão da natureza incapaz, por si só, de justificar de modo sistemático a distribuição das fortunas individuais. Os processos de racionalização partem, portanto, da necessidade das religiões mundiais de substituir a magia pelo domínio cognitivo da natureza e por uma explicação ética capaz de ser justificada (Weber, 1946a)[5]. Interessa ao autor dos *Ensaios de Sociologia da Religião* o modo como os diferentes elementos da substituição da magia, por uma concepção cognitiva e ética do

---

5. Boa parte das reflexões teóricas sobre as religiões mundiais encontram-se nos estudos que Weber denominou de reflexões intermediárias: "As Rejeições Religiosas do Mundo e Seu Significado", "A Psicologia das Religiões Mundiais", "As Seitas Protestantes e o Espírito do Capitalismo" e "A Ética Econômica das Religiões Mundiais". Por um longo tempo, os três primeiros ensaios estiveram disponíveis ao público americano e brasileiro apenas na coletânea de artigos organizada por Wright Mills e denominada *From Max Weber*. A intenção do autor de sistematizar uma tipologia do desenvolvimento das religiões mundiais nesses ensaios não foi levada a sério até recentemente, uma vez que a maior parte dos estudos de casos não estava disponível.

mundo, foram sendo paulatinamente introduzidos pelas diferentes religiões mundiais.

A tipologia weberiana das religiões mundiais opera, portanto, a partir de uma distinção entre o mundo natural e seu método arbitrário de distribuição das fortunas e a forma como as religiões mundiais interpretam tal fato. A possibilidade de uma separação entre o mundo, tal como ele é, e o mundo interior, constitui parte do processo de substituição da magia pelas religiões, processo esse desencadeado pela necessidade de interpretar o sofrimento humano:

> A necessidade de uma interpretação ética do "significado" da distribuição das fortunas entre os homens aumentou com a crescente racionalidade das concepções do mundo. À medida que as reflexões religiosas e éticas sobre o mundo foram se tornando cada vez mais racionalizadas e primitivas e as noções mágicas foram eliminadas, a teodicéia do sofrimento passou a encontrar dificuldades crescentes. Era demasiado freqüente o sofrimento imerecido; não eram os homens bons mas os maus que venciam [...]. (Weber, 1946a: 275.)

A separação entre o mundo natural e o mundo interior produz a idéia da teodicéia, isto é, de um sistema de idéias capaz de separar o destino dos indivíduos das suas fortunas individuais. Weber considera a introdução da idéia de um outro mundo e das técnicas de salvação a resposta racional dada pelas diferentes religiões mundiais para esse problema. As formas diferentes de sistematização das idéias, e as diferentes técnicas, constituem o primeiro elemento de uma tipologia capaz de contrastar as religiões orientais, especialmente o hinduísmo e o budismo, com as religiões ocidentais. As religiões, ao se colocarem o problema do significado do mundo, passam a se diferenciar entre si em dois aspectos: de acordo com uma explicação ativa ou passiva da presença dos indivíduos no mundo; de acordo com uma técnica de salvação que pode ser mística, contemplativa ou ascética. Para Weber, as religiões orientais, ao explicarem o mundo no qual o infortúnio ocorre como uma ordem impessoal e imanente, favoreceram a contemplação mística e, portanto, uma forma de adaptação ao mundo. As religiões mundiais também se diferenciam de acordo com a técnica de salvação empregada, isto é, entre as que utilizam técnicas místicas de salvação, as que entendem a salvação de forma política e, finalmente, as que entendem a salvação de forma ascética. Desse modo, a análise weberiana nos conduz a uma primeira tipologia das religiões mundiais cujos elementos são mágica/religião, cosmocentrismo/teocentrismo, misticismo religioso/asceticismo (vide quadro a seguir).

Os elementos da tipologia das religiões, acima expostos, são suficientes apenas para se pensar um aspecto do processo de racionalização, qual seja, o da sistematização das concepções de mundo. A análise weberiana da racionalização incorpora um elemento adicional: a racionalização da conduta dos extratos religiosos. Para Weber, tão importante quanto a forma como as religiões sistematizam concepções de mundo é a forma como a religião racionaliza a conduta dos indivíduos. O autor dos *Ensaios de Sociologia da Religião* interessa-se, particularmente, pela racionalização da conduta dos extratos condutores da religião. O que ele tem em mente são as insuficiências de uma análise da racionalização religiosa baseada somente na sistematização das idéias:

> Nenhuma forma de condução da vida é determinada exclusivamente pelas suas origens. Os interesses materiais e especialmente os interesses ideiais cumprem um importante papel. Estando ligados à estratificação, [tais elementos] devem ser levados em conta por qualquer tipologia das religiões. (Schluchter, 1989: 95.)

A primeira diferenciação na tipologia dos extratos religiosos distingue mais uma vez as religiões orientais e ocidentais. As religiões cujos condutores são intelectuais tendem a conceber a relação entre Deus, o ser e o mundo em termos de um processo intelectual de salvação. Daí a tendência ao que Weber denomina de fuga intelectual do mundo. Já as religiões cujos extratos condutores são plebeus – mercadores, artesãos ou homens de negócio – conduzem a um tipo de racionalização prática capaz de introduzir a idéia

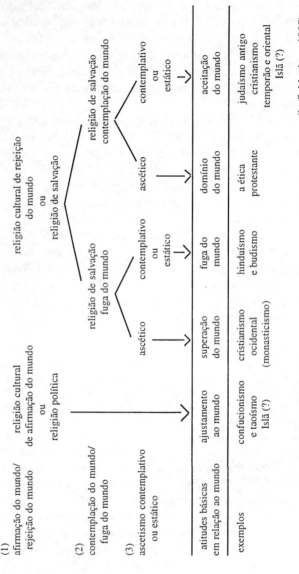

da ação no mundo. A diferença entre ambas as direções de racionalização da conduta será, portanto, que, no caso das religiões ocidentais, especialmente do judaísmo antigo[6], do cristianismo temporão e do asceticismo protestante, ocorre uma associação entre racionalização e intervenção ativa no mundo. Tal intervenção, no caso do judaísmo, está ligada ao fato do relacionamento de Yahweh com seu povo não estar baseado na coerção e sim em um pacto que implicava em um código moral de conduta (Schluchter, 1989: 184). Todavia, a solução à tensão entre o poder político e a moral oferecida pelo judaísmo antigo, não foi capaz de se tornar uma forma massiva de racionalização devido à separação entre o poder político dos reis e o poder moral dos profetas. Também no caso do cristianismo antigo, a resposta dos extratos religiosos à indeterminação do mundo não foi capaz de conduzir a um caminho de racionalização do mundo. No entanto, ela já constitui uma forma de metodização da conduta, ainda que, no caso do cristianismo temporão, a conduta tenha sido racionalizada no interior dos mosteiros. Para Weber, somente a ética protestante foi capaz de racionalizar o mundo ao retirar a conduta sistemática do interior dos mosteiros e transferi-la para o mundo:

> Um dos componentes fundamentais do espírito do capitalismo moderno e não apenas desse mas de toda a cultura moderna – conduta racional baseada na idéia de vocação – nasceu na ascese cristã [...] O puritano queria tornar-se um profissional (*berufsmensch*) e todos nós tivemos de segui-lo. Pois, quando o asceticismo foi levado para fora do mosteiro e transferido para a moderna vida profissional, passando a influenciar a moralidade secular, fê-lo contribuindo poderosamente para a moderna ordem econômica e técnica [...] que atualmente determina de maneira violenta o estilo de vida de todo indivíduo nascido sob esse sistema. (Weber, 1930.)

6. O judaísmo para Weber não constituía uma religião mundial devido à ausência de qualquer interesse em ser seguido por amplas massas. Apesar disso, Weber se propôs a estudá-lo devido aos seus pressupostos históricos decisivos para qualquer compreensão das cinco religiões mundiais. Max Weber, 1915, "A Ética Econômica das Religiões Universais", in *Ensayos de Sociologia Comparada de la Religión*. Editado por M. Weber, Madrid, Taurus.

Encontramo-nos agora em condições de mostrar a relevância da resposta oferecida por Weber acerca da especificidade do racionalismo ocidental. Tal como Weber nos diz na assim chamada "Introdução do Autor" à *Ética Protestante,* não são os fenômenos com os quais nos acostumamos a identificar a racionalidade – o mercado, o Estado moderno, a racionalização da técnica musical e da arquitetura – que deram origem à racionalidade ocidental. Para o autor dos *Ensaios de Sociologia da Religião,* nenhum desses fenômenos societários é responsável pela especificidade do racionalismo ocidental, ainda que os encontremos mais desenvolvidos nas sociedades ocidentais do que nas sociedades orientais. A base do racionalismo ocidental é o processo de racionalização da conduta dos indivíduos no mundo, processo esse que tem uma origem religioso-cultural e alcança o seu cume a partir de duas realizações fundamentais do protestantismo: 1) a idéia de ação no mundo enquanto resultado do processo de sistematização das idéias religiosas; 2) a conduta sistemática no mundo que é estendida pelo protestantismo para os extratos plebeus. Apenas o protestantismo, segundo Weber, resolveu de forma satisfatória a tensão entre o processo de sistematização das idéias religiosas e o problema da racionalização das esferas econômica e política (Weber, 1946b), superando, desse modo, a tensão entre ética e racionalidade de meios.

Esse constitui o ponto de chegada dos escritos weberianos sobre racionalidade que podem ser resumidos em uma colocação fundamental: não é a racionalidade societária ou a racionalidade instrumental presente nas estruturas do mercado e do Estado moderno que é a responsável pela racionalização do ocidente e sim o processo de racionalização cultural que está na base do protestantismo ascético e permitiu a superação da tensão entre ética religiosa e instrumentalidade. Os puritanos, ao aderirem a uma ética de massas cujo conteúdo é a atuação sistemática no mundo, foram capazes de racionalizar as estruturas da política e da economia moderna através da separação entre meios de produção e administração e necessidades concretas dos indivíduos. O ponto de chegada weberiano acerca da origem do processo de racionalização do ocidente é, portanto, radicalmente distinto da forma como Weber foi interpretado pela primeira geração de teóricos da Escola de Frankfurt.

II

O interesse habermasiano na forma de reinterpretação de Weber, surgida no final dos anos 70, está ligado aos impasses no pensamento do autor nesse mesmo período. Apenas no final dos anos 70 ficou clara para Habermas a impossibilidade de defender uma concepção não-instrumental de racionalidade apoiando-se na obra de Marx[7]. O impasse habermasiano foi provocado por uma dupla constatação: por um lado, Habermas estava convencido desde *Técnica e Ciência enquanto Ideologia* acerca da impossibilidade de uma racionalidade técnica alternativa, desistindo, desse modo, de explorar a via aberta por Marcuse de procurar uma racionalidade técnica não-instrumental (Marcuse, 1967); por outro lado, Habermas procurava escapar também do beco sem saída no qual havia se isolado o último Adorno, ao considerar certas concepções da música erudita como o único lugar no qual a racionalidade de valores persistiria (Adorno, 1975). A solução habermasiana para esse duplo dilema foi propor a separação entre dois tipos de racionalidade, uma primeira, comunicativa, e uma outra, instrumental, posteriormente denominada de sistêmica. A racionalidade comunicativa seria caracterizada pela dialogicidade, isto é, pela possibilidade de alcançar um *telos* nos mundos objetivo, social e subjetivo através da comunicação com pelo menos mais um participante (Habermas, 1984). A forma como Habermas justifica a plausibilidade de uma tal

---

7. É verdade que algumas tentativas de fundamentação não-marxista da teoria habermasiana já haviam ocorrido anteriormente. No entanto, *Conhecimento e Interesse* ainda coloca o marxismo enquanto ciência crítica, e mesmo depois de *Notas Para uma Teoria da Ação Comunicativa* existe uma tentativa de reconstrução lingüística do materialismo histórico. Vide capítulo anterior.

forma de racionalidade é através de uma teoria reconstrutiva do conhecimento pré-teórico implicitamente presente nos processos práticos de comunicação (Cooke, 1994). A pragmática universal, ao demonstrar que a utilização cotidiana da linguagem implica na coordenação das asseverações de um ator social com pelo menos um outro ator acerca de um estado de coisas nos mundos objetivo, subjetivo e social, fornece através da reconstrução do uso empírico da linguagem a fundamentação para um conceito comunicativo de racionalidade. Tal justificativa não era, no entanto, suficiente para fundamentar o conjunto do edifício habermasiano na medida em que o autor da *Teoria da Ação Comunicativa* pretendia não apenas fundamentar uma forma comunicativa de racionalidade como também mostrar que ela está na base do processo de racionalização das sociedades modernas. É essa segunda intenção que leva Habermas de encontro à teoria da modernidade em Weber, uma teoria cujo componente cultural tem uma enorme afinidade com o conceito comunicativo de racionalidade. O resgate da dimensão cultural do conceito weberiano de racionalidade não pode, no entanto, se constituir em um empreendimento unilateral. Afinal, Weber não foi um autor que apenas ressaltou os fundamentos morais da modernidade. Ele foi também um autor cuja obra pretendeu demonstrar os motivos pelos quais a própria modernidade, na medida em que as estruturas da economia de mercado e do Estado moderno se desenvolvem, solapa os seus próprios fundamentos culturais (Weber, 1930; Weber, 1946c). Nesta segunda seção do presente capítulo pretendemos mostrar os elementos da apropriação seletiva de Weber por Habermas ressaltando duas dimensões da crítica do autor da *Teoria da Ação Comunicativa* à teoria weberiana da modernidade: 1) a crítica ao politeísmo de racionalidades com o qual Weber identificou a predominância da ciência no interior da modernidade; 2) a crítica à tese weberiana acerca do solapamento da dimensão cultural da modernidade através do desenvolvimento da secularização. Permitam-me explicar cada um desses pontos com um pouco mais de vagar.

A teoria da modernidade de Weber tem dois componentes: um primeiro componente aborda a origem cultural do processo de racionalização do ocidente, processo esse, tal como foi mostrado acima, ligado a uma tipologia das religiões mundiais. O segundo elemento da teoria da modernidade em Weber envolve a análise da substituição das cosmovisões religiosas pelo desenvolvimento de esferas axiológicas cujo componente principal constitui um critério interno de racionalidade. Para Weber, no decorrer do próprio processo de racionalização das religiões mundiais, existe uma tendência ao desenvolvimento de esferas autônomas de valor, entre as quais ele destaca a economia, a política e a ciência (Weber, 1946b). Cada uma dessas esferas se estabelece em tensão com a ética religiosa na medida em que seu princípio interno de organização contrasta com a idéia da solidariedade e de fraternidade religiosa. No caso da economia, tal princípio consistiria em uma organização funcional regida pelo meio monetário; no caso da política, tal princípio seria constituído pelas regras impessoais do funcionamento de um corpo hierárquico e burocrático; e no caso da ciência, tal princípio seria constituído pelos critérios necessários à constituição de um conhecimento empírico capaz de transformar o mundo em um mecanismo causal desencantado (Weber, 1946b: 350). Para Weber, o desenvolvimento das esferas autônomas de valor não constitui um problema em si, pelo menos enquanto subsista a possibilidade de compatibilização entre os princípios autônomos dessas esferas e os princípios gerais de uma ética de conduta.

O diagnóstico weberiano da modernidade supõe uma crescente incompatibilidade entre ética e racionalização na medida em que a modernidade se desenvolve. Weber entende a modernidade enquanto um processo de incompatibilização entre as dimensões cultural e societária da racionalidade. Se, por um lado, Weber deixa absolutamente clara a origem cultural do processo de racionalização do ocidente, por outro, ele não tem quaisquer dúvidas de que a societalização da racionalidade implica na impossibilidade de dar continuidade a tal processo. Na medida em que as estruturas da economia de mercado e do Estado moderno se desenvolvem, a possibilidade de justificar eticamente a ação em relação a fins vai sendo progressivamente inviabilizada por dois processos (vide quadro abaixo): pela secularização do mundo e pelo aumento desmesurado da importância dos bens materiais.

Desenvolvimento da Modernidade:

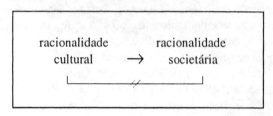

Para Weber, ambos processos terminam por impedir a continuidade do processo de racionalização ética que deu origem à modernidade em primeiro lugar:

> Desde que o asceticismo se propôs a remodelar o mundo e a nele implementar os seus ideais, os bens materiais foram assumindo uma crescente e inexorável força sobre os homens. Hoje em dia, o espírito do asceticismo religioso – quem sabe se definitivamente – escapou da jaula de ferro. O capitalismo vencedor, apoiado em uma base mecânica, não mais carece do seu apoio. Também o róseo caráter da sua sucessora, a *Aufklärung*, parece estar desvanecendo [...] Quando a plenitude vocacional não mais pode ser relacionada diretamente aos mais elevados valores culturais [...], o indivíduo renuncia a toda tentativa de justificá-la. (Weber, 1930.)

Duas importantes conseqüências se seguem ao diagnóstico weberiano da modernidade: 1) O primeiro é que a única forma de sobrevivência da ética no mundo moderno é o utilitarismo[8]. Para Weber, o indivíduo que não mais

---

8. Na verdade, Weber, na *Ética Protestante*, considera o utilitarismo o sucessor consagrado do puritanismo. A grande herança de um para o outro foi uma consciência extremamente positiva em relação à aquisição do dinheiro. Vide Max Weber, 1930, *The Protestant Ethic and the Spirit of Capitalism*, traduzido por Talcott Parsons, London, Unwin Hyman.

consegue justificar suas ações com base em uma ética de valores, reinterpreta empiricamente a ética transformando a instrumentalidade em um valor. Perde-se, desse modo, a conexão interna entre intencionalidade e justificação cultural. 2) A segunda conseqüência importante do desenvolvimento da modernidade constitui a transformação da ciência em critério único para a justificação da ação. Na medida em que as formas de justiticação ética da ação não mais motivam os indivíduos devido à secularização progressiva das sociedades modernas, a ciência vai se convertendo no único consenso societário possível. Os limites da ciência enquanto forma de justificação da ação são, no entanto, bastante claros na medida em que a ciência não é capaz de substituir a unidade valorativa das cosmovisões em sua capacidade de determinar, simultaneamente, os critérios do belo, do moralmente adequado e do verdadeiro:

> A justificativa científica é destituída, a princípio, de sentido porque as diversas esferas de valor do mundo estão em conflito irreconciliável entre si. O velho Mill [...] tinha razão nesse ponto ao dizer: se partimos da experiência pura chegamos ao politeísmo. Voltamos hoje a compreender que alguma coisa pode ser sagrada não só a despeito de não ser bela mas porque não é bela [...] E desde Nietzsche compreendemos que uma coisa pode ser bela apesar e na medida em que não é boa [...] Constitui um lugar comum observar que uma coisa pode ser verdadeira embora não seja bela nem sagrada, nem boa. De fato, ela pode ser verdadeira precisamente nesses aspectos. Mas todos esses casos são os mais elementares na luta em que os Deuses das várias ordens de valores estão se empenhando. (Weber, 1946c: 147-148.)

É possível, portanto, perceber o ponto de chegada da análise weberiana da modernidade. Weber parte de uma tipologia das formas de racionalização prática para demonstrar que a origem do processo de racionalização do ocidente é cultural e está relacionada com a justificação ética de uma forma de conduta no mundo. Todavia, para Weber, é justamente essa dimensão fundacional do processo de racionalização que irá se perder ao longo da modernidade. O resultado, na esfera da moral, é o surgimento do utilitarismo e, na esfera da sociedade, a cientificização dos julgamentos de valor. No entanto, tal como fica claro na passagem acima citada, a ciência não é capaz de oferecer um critério para o julgamento entre diferentes opções valorativas. Daí o dilema fundamental das sociedades contemporâneas: o fenômeno da perda de sentido.

Habermas, na *Teoria da Ação Comunicativa* resgata a primeira dimensão da análise weberiana acerca da origem cultural do processo de racionalização do ocidente mas nega tanto a tese final da *Ética Protestante* quanto o diagnóstico da *Ciência como Vocação*. A forma como Habermas resgata a dimensão cultural do processo de racionalização do ocidente é através da demonstração de que existe um processo paulatino de substituição da legitimação religiosa das esferas axiológicas de valor por critérios de validade fornecidos pela comunicação através da linguagem. Para Habermas, se a modernidade tem uma origem cultural ligada à racionalização da conduta pelas religiões mundiais, essa não constitui sua dimensão principal. Essa última seria caracterizada pela substituição da legitimação religiosa pelo consenso através da linguagem, consenso esse capaz de remeter, simultaneamente, aos mundos objetivo, social e subjetivo, isto é, às esferas da ciência, da moral e da arte. Cada uma dessas esferas possui um critério interno de validade – a verdade, a correção e a veracidade – e, ao mesmo tempo, remetem à possibilidade de justificação através da utilização de uma mesma função da linguagem. Desse modo, para o autor da *Teoria da Ação Comunicativa*, o processo de racionalização cultural que imprimiu na modernidade ocidental a marca da sua singularidade não tornou os critérios de validade, verdade, veracidade e beleza incompatíveis entre si. Ele apenas nos obriga a relacionar tais critérios com uma dimensão diferente do mundo em relação ao qual agimos reflexivamente.

A forma como Habermas reinterpreta o processo de secularização próprio à modernidade irá, portanto, lhe permitir negar as duas teses sustentadas por Weber em relação ao desenvolvimento da modernidade: a identificação do utilitarismo enquanto a única ética possível na modernidade e a identificação da ciência moderna enquanto a única forma de legitimação.

1. *Utilitarismo e Ética*: Para Habermas, o argumento weberiano acerca da inevitabilidade do utilitarismo é falho na medida em que Weber não foi capaz de demonstrar que "uma consciência moral guiada por princípios só é capaz de sobreviver em um contexto religioso" (Habermas, 1984, I: 229). A suposição weberiana de uma contradição entre ética e secularização é negada a partir de evidências históricas e da crítica sistemática. A evidência histórica que Habermas nos apresenta é a capacidade que o pensamento iluminista teve ao, longo do século XVIII, de substituir a ética religiosa da caridade ao próximo pela idéia de direitos humanos universalmente compartilhados. Para o autor da *Teoria da Ação Comunicativa*, a sobrevivência da ética em um contexto secular demonstra a possibilidade de uma fundamentação sistemática e não-religiosa da moral, o que nos leva na direção da segunda crítica de Habermas a Weber, a crítica sistemática. Para Habermas, existe uma inconsistência sistemática na forma como Max Weber supôs a constituição de três esferas de valor a partir da racionalização das cosmovisões religiosas. Se, nos casos da ciência e da arte, ocorre uma continuidade entre critérios religiosos e seculares de validade, seria, então, de se esperar que, no caso "[...] da diferenciação de uma esfera de valor especializada em questões prático-morais [...], o processo de racionalização ética continuasse no interior dessa esfera de valor [...]" (Habermas, 1984, I: 230). Ou seja, não existe nenhum motivo para que, no campo da moral, o processo de racionalização ética iniciado pelas religiões mundiais e que levou à generalização da idéia do outro não tivesse continuidade a partir de um fundamento secular.

2. *Ciência e Politeísmo de Razões*: Para Habermas, o argumento weberiano em *A Ciência como Vocação* acerca do politeísmo de razões é duplamente falho. Ele é falho sob o ponto de vista moral porque, tal como já argumentamos acima, é possível mostrar que continuam havendo critérios ético-formais para o tratamento de divergências. Mas ele é também falho sob o ponto de vista da unidade operacional do processo de utilização da racionalidade na

medida em que Weber não foi capaz de distinguir entre a forma e o conteúdo das diversas culturas e supôs que fosse necessário um critério substantivo para decidir acerca do valor de cada uma delas, critério esse que apenas as estruturas cognitivo-instrumentais poderiam deter. Para Habermas, a modernidade nem requer a opção pelo conteúdo substantivo das tradições nem demanda uma justificação científica de tal opção. A questão central da racionalização da tradição consiste, pelo contrário, na possibilidade que ela abre para um procedimento formal de solução de divergências políticas.

Não é difícil perceber que, ao refutar as duas teses centrais do diagnóstico weberiano da modernidade, Habermas se encontra na posição de resgatar a tese weberiana acerca da origem cultural do processo de racionalização do ocidente sem, no entanto, aceitar o argumento do autor acerca do prevalecimento de um só tipo de racionalidade de natureza instrumental. Para o autor da *Teoria da Ação Comunicativa*, o que ocorre na modernidade com a secularização não é o estreitamento da racionalidade e sim a substituição, no nível da cultura, de uma forma religiosa de ética por uma outra secular e formal. Essa ética se expressaria em dois componentes fundamentais da política moderna: na noção de direitos humanos e no funcionamento do sistema democrático. Alcançamos, portanto, o cerne da divergência entre Habermas e Weber: o caráter moral ou amoral da política moderna.

III

Max Weber estava convencido que, na modernidade, tanto a estrutura dos direitos, quanto a forma de funcionamento do sistema democrático, eram profundamente amorais. Ambas as estruturas foram entendidas por Weber a partir da separação entre as necessidades concretas da população e a operação dos meios de administração política e legal por um corpo especializado de funcionários:

[...] a separação entre os trabalhadores e os meios materiais de produção, destruição, administração e pesquisa acadêmica e finanças em geral constitui a base comum do Estado moderno nas suas esferas cultural, política e militar, bem como da economia capitalista privada. Em ambos os casos, o controle desses meios está nas mãos do poder ao qual o aparato burocrático [...] obedece cegamente [...] Tal aparato é hoje em dia típico de todas essas organizações. (Weber, 1968b.)

Ou seja, Weber não tem grandes ilusões acerca da forma democracia uma vez que, para ele, a dimensão moral da política foi substituída, no interior do Estado moderno, por um aparato administrativo e impessoal baseado na separação entre meios e fins. O privilegiamento dos meios é parte do processo de desapropriação do indivíduo moderno da sua capacidade de decidir sobre seu próprio destino. Nessa óptica, a democracia não constitui uma forma de autodeterminação. Para Weber, ela constitui uma entre diversas formas de concentração do poder na mão de um corpo especializado de funcionários.

A análise weberiana acerca dos direitos e do funcionamento do sistema legal é homóloga à análise sobre o Estado moderno. Para Weber, tal como discutimos acima, o sistema legal não se desenvolve em continuidade interna com a idéia de moral desenvolvida pelas religiões mundiais. Para o autor de *Economia e Sociedade*, o direito se desenvolveria de forma similar às estruturas do Estado moderno e da economia de mercado. O fenômeno fundamental do processo de racionalização do direito seria a racionalização da aplicação técnica da norma conduzindo a uma legislação sistemática aplicada de forma constante por um corpo especializado de funcionários. O sistema legal representa, portanto, "[...] o desenvolvimento de uma técnica crescentemente racional nos seus procedimentos" (Weber, 1968a: 882). Desse modo, para Weber, o processo de racionalização do direito possui uma dimensão predominantemente técnica expressa na sistematização da aplicação da norma. Tal concepção desconsidera a continuidade interna entre o processo de generalização da idéia do outro e a concepção de igualdade jurídica com a qual estão relacionadas as idéias de democracia e de direitos.

71

A construção do conceito de política em Habermas se dá em oposição à perspectiva weberiana, isto é, sustentando a existência de uma conexão interna entre a generalização da idéia do outro pelas religiões mundiais e o desenvolvimento da moral moderna. Habermas denomina de racionalização do mundo da vida[9] o processo de substituição dos contextos tradicionais e religiosos de coordenação da ação pela justificação racional da ação no interior de uma comunidade livre de comunicação. Do ponto de vista estrutural, a racionalização do mundo da vida implica na diferenciação entre as esferas da cultura e da personalidade. As tradições necessitam, para a sua continuidade, de serem capazes de se justificar enquanto legítimas no nível das concepções de mundo dos indivíduos. A racionalização da moral aparece, para o autor da *Teoria da Ação Comunicativa,* associada ao processo através do qual indivíduos e atores sociais se tornam autônomos em relação às tradições sociais no interior das quais eles foram socializados. Tal processo torna as cosmovisões religiosas incapazes de justificarem seus conceitos de moral, levando, portanto, à progressiva substituição de uma moral tradicional por uma moralidade pós-convencional. Para Habermas, tanto a idéia de *direitos humanos universais* quanto a idéia de *soberania popular* estão associados ao processo de reflexivização da moral, estando, portanto, em continuidade interna com a generalização da idéia do outro desenvolvida pelas religiões mundiais. A abordagem habermasiana sobre cada uma dessas dimensões da política moderna ressalta o seu conteúdo moral:

Direitos Humanos: O ponto de partida de Habermas para a análise da noção moderna de direitos é a percepção de que a separação entre cultura e personalidade coloca o problema da liberdade individual enquanto autodeterminação moral. Só é possível assimilar uma tradição cultural a partir da livre reflexão e debate acerca do seu conteúdo, processo esse que requer a garantia de direitos subjetivos

---

9. Para uma explicação da idéia de mundo da vida em Habermas, vide Capítulo 2, nota 13.

básicos. "[...] Os direitos (subjetivos) fixam os limites no interior dos quais um indivíduo está livremente autorizado a ratificar a sua própria vontade" (Habermas, 1995: Capítulo 3)[10]. Nesse sentido, os direitos humanos expressam uma dimensão de liberdade e de igualdade moral capazes de fazer com que indivíduos livres busquem uma regulamentação legal e legítima das suas vidas em comum em substituição à normatividade tradicional. Este constitui o conteúdo moral da idéia de direitos humanos que, na perspectiva habermasiana, implica na possibilidade de generalização de direitos, fazendo com que o conteúdo moral dos direitos subjetivos remeta à prática coletiva da autolegislação. Pensar em direitos subjetivos significa pensar em um "[...] conjunto de direitos que os indivíduos devem conceder uns aos outros no processo legítimo de regulamentação das suas vidas em comum" (Habermas 1995: Capítulo 3). Os direitos implicam, portanto, ao largo da sua dimensão moral, uma dimensão de implementação capaz de garantir, ao conjunto dos indivíduos, que o seu acordo comunicativo será efetivamente institucionalizado. Nesse sentido, a dimensão técnico-administrativa do direito coexiste com uma dimensão moral. Entre as duas existe uma insuperável tensão.

Democracia: O segundo elemento da teoria habermasiana da política constitui a conexão interna entre moral e soberania popular. Para Habernas, o fundamento primeiro da soberania é a constatação moral do direito igual à participação no processo de determinação da vontade política. Se tal igualdade fundamenta o direito igual à participação, ela não pode, no entanto, prescindir de uma forma de institucionalização capaz de transformar a vontade geral em programa de governo. Essa é a dualidade que se coloca quando analisamos o fundamento moral da política moderna. Por um lado, as instituições políticas, especialmente o

10. Todas as citações de *Entre Fatos e Normas* foram retiradas da versão preliminar da tradução inglesa a ser publicada brevemente pela MIT Press. As referências remetem aos capítulos, uma vez que a numeração final das páginas ainda não está disponível no momento da publicação deste livro.

73

Estado moderno, só podem se justificar na medida em que se apresentem enquanto conseqüência de um sistema de direitos de participação que fundamenta o poder político. Por outro lado, a forma administrativa de implementação das decisões políticas utiliza-se de uma forma não-comunicativa de poder que independe de considerações morais, como bem percebeu Max Weber. A solução habermasiana para o conflito entre moral e institucionalidade é mostrar que a democracia moderna possui dois níveis, o nível da formação discursiva da vontade geral e o nível do exercício administrativo do poder político. Para se manter a dimensão moral da democracia é necessário "[...] institucionalizar a prática de auto-organização dos cidadãos enquanto construção informal de uma opinião pública na esfera política [...]" (Habermas, 1995). A democracia não pode prescindir de uma continuidade interna com os processos de formação da vontade que tornaram os indivíduos cidadãos autônomos. Pelo contrário, Habermas reconhece que entre tal processo e a institucionalização do poder no interior do Estado moderno existe também uma insuperável tensão.

A abordagem habermasiana acerca dos fundamentos morais da política moderna torna claro o ponto de divergência com Max Weber. Para Weber, o processo de estreitamento da racionalidade cultural expressa-se, sobretudo, nas estruturas da política moderna, estruturas essas que ele identifica diretamente com o Estado moderno. Habermas desfaz o argumento weberiano em duas etapas: em uma primeira etapa, ele deixa claro as inconsistências lógicas do diagnóstico weberiano da modernidade ao mostrar que Weber jamais abordou sistematicamente as diversas possibilidades de conexão entre moral religiosa e moral secular. É a ausência de uma forma de conexão interna entre as duas formas de moral que fundamentaria o diagnóstico weberiano da perda de sentido na modernidade. Em uma segunda etapa, Habermas identifica duas formas de conexão interna entre moral religiosa e moral secular na política moderna: os direitos humanos universais e a noção de soberania popular. Ambas contém um fundamento moral que

74

está em continuidade com a idéia do reconhecimento do outro enquanto um igual, concepção essa elaborada, em primeiro lugar, pelas religiões mundiais. Todavia, o fato de Habermas demonstrar a persistência de um fundamento moral na política moderna não o obriga a negar a dimensão da efetividade e da instrumentalidade da política no interior do Estado moderno, tal como apontadas por Weber. Para Habermas, a modernidade constitui, precisamente, a tensão entre essas duas dimensões, tensão essa prenhe de conseqüências, a mais importante entre elas sendo a tentativa de se abolir a dimensão moral da política moderna.

A procura de uma dimensão moral fundante da prática democrática constitui mais do que um mero exercício heurístico. Ela representa uma tentativa de teorizar os fundamentos morais da política moderna e, ao mesmo tempo, mostrar que tais fundamentos colocam limites concretos para o exercício da política. Para Habermas, o fundamento moral da democracia expresso na idéia de uma igualdade moral constitutiva do poder político tem como conseqüência a percepção que tal igualdade foi, na melhor das hipóteses, seletivamente institucionalizada nas modernas sociedades democráticas. Cabe aos públicos não-institucionalizados e não-institucionalizáveis tornar a esfera pública o local por excelência do exercício da igualdade moral e da crítica ao exercício do poder.

Encontramo-nos em posição de apontar um ponto de chegada parcial em nosso empreendimento de reestabelecer os fundamentos morais da política implícitos no diálogo entre Habermas e os clássicos das ciências sociais. No capítulo anterior mostramos como o diálogo Habermas / Marx levou o autor da *Teoria da Ação Comunicativa* a pensar os fundamentos da política enquanto fundamentos prático-morais. Neste capítulo, mostramos o resgate da dimensão moral na tradição dos direitos e na tradição democrática, conectando-os com o próprio processo de racionalização das sociedades ocidentais. Com isso, consideramos encerrada a primeira etapa do empreendimento que nos propusemos realizar, qual seja, o de reinterpretar via Habermas o diagnóstico dos clássicos das ciências sociais acerca da modernidade resgatando nas suas concepções os fundamentos, seja de uma concepção moral de auto-organização da comunidade, seja de uma conexão entre moral e racionalização. Nos próximos capítulos, passaremos a abordar diretamente a questão dos fundamentos morais da democracia na análise da operação da política moderna.

4. RACIONALIDADE, MERCADO E NORMATIVIDADE: UMA CRÍTICA DOS PRESSUPOSTOS DA TEORIA DA ESCOLHA RACIONAL[1]

The explanation of everything by economic causes alone is not exhaustive in any sense whatsoever in any sphere of cultural phenomena, not even in the economic sphere itself.

MAX WEBER

A problemática da racionalidade tornou-se, nos anos 80, a questão chave na área de teoria social (Habermas, 1984), (Giddens, 1984) (Elster, 1989), (Coleman, 1990). Todavia, quanto mais se tem escrito sobre o assunto, mais o conceito de racionalidade tem se mostrado um conceito essencialmente contestado no seu significado e aplicação. É possível afirmar que os debates têm se concentrado em

---

1. Artigo publicado no n. 44 da revista *Novos Estudos*.

torno da questão de se a racionalidade consiste em uma categoria individual, coletiva ou simultaneamente individual e coletiva. Tal questão envolve, evidentemente, a discussão sobre a origem cognitivo-instrumental ou intersubjetiva do conceito de racionalidade. A concepção cognitivo-instrumental está baseada na idéia de razão enquanto faculdade individual e supõe a utilização dessa faculdade para a adaptação inteligente do indivíduo às condições do meio no qual ele interage[2]. A concepção intersubjetiva tem como pressuposto um entendimento comum acerca de um estado de coisas no mundo objetivo e social, entendimento esse necessário para o sucesso da ação social[3]. No campo da teoria social tal distinção coloca em planos opostos a concepção habermasiana de racionalidade (Habermas, 1984) e a idéia de racionalidade defendida pelas diferentes versões da teoria da escolha racional (Coleman, 1990), (Elster, 1989), (Hechter, 1987).

2. A concepção cognitivo-instrumental de racionalidade tem sua origem em Hobbes e Locke, e na forma como os dois autores atribuem às sensações a origem dos conceitos (Thomas Hobbes, 1651, *The Leviathan* I, 1; John Locke 1708, *Essays Concerning Human Understanding*, II, 2). É daí que se deriva a idéia da razão enquanto cálculo associado à necessidade do indivíduo de se autopreservar. Hobbes, no *Leviathan*, identifica a origem da razão com os desejos e a vontade, isto é, "com o pensamento de algum meio já identificado anteriormente com um fim por nós desejado". O elemento principal dessa concepção de razão é a associação feita pelo pensamento entre uma vontade e o meio adequado para a sua realização. Vide Jean Hampton, *Hobbes and The Social Contract Tradition*, p. 44.

3. A base do conceito intersubjetivo de racionalidade é a idéia de que os atores sociais não lidam apenas com a manipulação dos fatos sociais. Agir envolve a internalização de regras e normas que, necessariamente, devem ser entendidas de forma igual pelos diferentes atores sociais. De acordo com essa concepção, o elemento central da idéia de racionalidade constitui a capacidade dos atores sociais de seguirem certas regras ao agirem. Tais regras podem ser problematizadas ou não. É com o ato de partilhar regras e torná-las reflexivas que o conceito intersubjetivo de racionalidade está ligado. Vide Karl-Otto Apel, 1984, *Understanding and Explanation*; Richard Bernstein, 1976, *The Restructuring of Social and Political Theory* e Jürgen Habermas, 1984, *The Theory of Communicative Action*.

Duas questões principais estão no centro do debate entre as concepções cognitivo-instrumental e comunicativa de racionalidade: a primeira diz respeito à relação entre indivíduo e racionalidade e a segunda está relacionada aos fundamentos normativos da política. Para as teorias da escolha racional, os componentes dos sistemas sociais são os indivíduos e

uma vez que o sistema de comportamentos é de fato uma resultante dos seus componentes, o conhecimento sobre como as ações das partes se combinam para produzir comportamentos sistêmicos nos fornece uma maior previsibilidade (sobre a ação social). (Coleman, 1990: 3.)

Desse modo, a teoria da escolha racional adota, com Coleman, um ponto de partida metodológico individualista a partir do qual um conceito de racionalidade importado da economia passa a ser sinônimo do tipo de ação capaz de maximizar sua utilidade (Coleman, 1990: 14):

Nós podemos dizer que entendemos as razões porque as pessoas agem de uma determinada maneira quando queremos dizer que entendemos os objetivos e modo como as ações foram relacionadas por um determinado ator com esses objetivos. (Coleman, 1990: 13.)

É este o cerne comum das concepções cognitivo-instrumentais de racionalidade: a substituição da autopreservação hobbesiana pela maximização individual de utilidade.

Um segundo problema se coloca em relação à concepção de racionalidade das teorias da escolha racional. Trata-se das conseqüências políticas de um conceito de racionalidade baseado exclusivamente na idéia cognitivo-instrumental da maximização dos interesses individuais. Se, de fato, tal como supõem Olson, Coleman, Elster, Hechter e Reis[4], esta constitui a única inspiração da ação social, o

---

4. A suposição olsoniana de acordo com a qual a busca do interesse racional é contraditória com o engajamento em causas públicas ou coletivas, devido ao problema do carona, está longe de se constituir em objeto de consenso entre os cientistas sociais. Pelo contrário, existe uma enorme gama de trabalhos questionando tal suposição. Etzione (1988) faz um apa-

problema dos fundamentos normativos da política fica sem solução na medida em que esta não mais poderá se basear em qualquer fundamento anterior à tentativa de maximização dos interesses individuais. A única solução encontrada por esses autores para o problema da normatividade consiste em sustentar a posição de que o mercado seria capaz de estabelecer as bases da sua própria validade. A procura da maximização dos interesses individuais se torna fundamento normativo não somente da ação do *homo economicus* mas também da ação do *homo politicus* cujo agir se daria em uma arena denominada "mercado político". Nessa perspectiva, o *homo politicus* seguiria as normas da sociedade na qual ele vive devido "à sua capacidade de antecipar sanções" (Elster, 1989: 105), isto é, de autopreservar-se. Fecha-se, desse modo, o círculo no interior do qual a maior parte das teorias da escolha racional estão inscritas: na perspectiva do individualismo metodológico o que caracteriza a separação entre a economia, por um lado, e a sociologia por outro – a capacidade dessa última de estabelecer arenas consensuais para a ação coletiva deixa de existir. Todas as teorias da escolha racional negam os pressupostos consensuais da ação coletiva.

Este capítulo terá três partes: em uma primeira parte, será demonstrada a impossibilidade lógico-teórica do pressuposto individualista que funda a idéia de escolha racional. Procuraremos demonstrar que, diferentemente do que supõem essas teorias, todas as metáforas individualistas contrabandeiam, em algum momento, pressupostos societários para o interior da sua tentativa de reconstituir a sociedade

nhado dos melhores, entre os quais destaca McAdam (1982) e Marwell (1982) que demonstrou que, em situações nas quais pessoas tiveram a oportunidade de tomar carona nas ações de outras, eles continuaram investindo boa parte dos seus recursos em bens públicos. Na verdade, os teóricos do *public choice* jamais conseguiram transitar de uma ontologia para uma sociologia da participação de modo que os melhores trabalhos sobre a decisão de participar apontam na direção das redes de interação como o fator que mais influencia a decisão de participar. Vide Amitai Etzioni, 1988, *The Moral Dimension;* Dough McAdam, 1988, *Freedom Summer;* Jane Mansbridge, 1990, *Beyond Self-interest.*

a partir do indivíduo. Em uma segunda parte, depois de reconstituirmos o itinerário das tentativas de atribuir ao mercado o fundamento da sua própria validade normativa, demonstraremos a impossibilidade teórica dessa posição devido à incapacidade dos autores que a defendem de perceberem uma outra dimensão na qual se baseia a política moderna que é o reconhecimento do outro enquanto um igual, isto é, um ser potencialmente portador de direitos generalizáveis. Na terceira parte deste Capítulo, demonstraremos que é justamente esse o fundamento consensual da política moderna que se baseia não somente no reconhecimento do outro enquanto alguém capaz de tornar os recursos da sociabilidade escassos mas também enquanto alguém que eu reconheço como potencialmente capaz de adquirir os mesmos direitos que eu. Dentro dessa perspectiva, o objetivo deste capítulo não consiste em negar a realidade da dimensão egoísta da ação social apontada pelas teorias da escolha racional e sim de negar tal dimensão com a única dimensão da sociabilidade moderna.

Mercado e Racionalidade: Desfazendo Alguns Equívocos

Existe, entre os principais autores da teoria social contemporânea, um consenso sobre a capacidade do sistema econômico de gerar racionalidade. Dependendo do autor, a geração da racionalidade pelo sistema econômico se dá por diferentes razões: Giddens (1984) atribui a capacidade do mercado de gerar racionalidade "à coordenação mecanizada da força de trabalho" e "ao insulamento entre as formas política e econômica" (Giddens, 1984: 135). Posteriormente, o autor denomina essa forma de coordenação da ação de alocativa e a caracteriza "pelo distanciamento entre tempo e espaço". Luhmann (1982a) entende a economia enquanto um subsistema de redução da complexidade caracterizado "pela possibilidade de adiar uma decisão sobre a satisfação de uma necessidade oferecendo a garantia de que esta vai ser satisfeita e utilizando o tempo, desse modo, adquirido". (Luhmann, 1982a: 196). Habermas (1984) aborda o processo histórico através do qual a emergência do sistema econômico capitalista cria uma ruptura no nível da diferenciação sistêmica através da emergência de um novo mecanismo, o dinheiro como meio de controle. "Com a institucionalização legal do meio monetário, a ação orientada para o sucesso e guiada pelas considerações egoístas do cálculo da utilidade perde a sua conexão com a ação orientada para o entendimento mútuo" (Habermas, 1984: 196). Coleman (1990) analisa o mesmo processo. Para ele, "o intercâmbio ocorre, freqüentemente, [...] no contexto de um sistema de trocas no qual existe competição por recursos escassos" (Coleman, 1990: 119). Os atores sociais adotam, então, um único princípio de ação visando a maximização dos seus interesses. A aplicação do princípio da maximização no interior dos sistemas sociais conduz "ao intercâmbio do direito sobre recursos, intercâmbio este que gera a otimização".

A análise dos elementos principais do surgimento da forma de racionalidade característica da economia de mercado aponta na direção de um grande consenso e de um grande ponto de discordância. O consenso diz respeito ao fato de que a economia de mercado desvincula uma forma de ação, a ação econômica, de quaisquer considerações pessoais ou, para utilizar a terminologia luhmaniana, cria uma forma de comunicação "indiferente às circunstâncias, aos detalhes biográficos, e às relações pessoais" (Luhmann, 1982: 203). O que de modo algum constitui objeto de consenso são as conseqüências desse fato. De um lado, temos uma posição introduzida por Adam Smith e sustentada com algumas variações por todas as versões da teoria da escolha racional que reduz todas as formas de dominação a relações pessoais interativas e identifica todas as formas de liberdade com a capacidade do indivíduo de tomar decisões individuais de acordo com suas preferências. Coleman expressa muito bem tal posição ao afirmar que, "se os indivíduos detivessem o controle sobre todos os recursos que os interessam, a ação social não constituiria um problema". O que torna a ação social problemática é o fato dos "[...] atores não deterem o controle completo sobre as atividades

82

capazes de satisfazerem seus interesses. Eles encontram algumas dessas atividades (ou recursos) sob o controle de outros atores" (Coleman, 1990: 29). Desse modo, o problema da racionalidade e da liberdade se colocam inequivocamente enquanto busca da satisfação dos interesses individuais identificada com a maximização do esforço individual de alcançar tais interesses.

De outro lado, temos autores tais como Habermas e Giddens que defendem que a racionalidade não pode ser simplesmente identificada com a extensão da impessoalidade a todos os setores da vida social. Tais autores diferenciam a forma de reprodução interativa da ação social do "distanciamento espaço-temporal" para utilizar a expressão de Giddens ou da racionalidade sistêmica para utilizar a expressão habermasiana. Em ambos os casos, Habermas e Giddens diferenciam entre duas formas de racionalização distinguindo entre impessoalidade e interação. É, portanto, em referência a um mesmo fenômeno, o surgimento de relações impessoais associadas à constituição da economia de mercado que surge a possibilidade de se entender o problema central tratado nas duas primeiras partes deste capítulo, o da existência ou não de uma só forma de racionalidade. Este problema pode ser reduzido a duas questões: se é possível deduzir todas as características da sociedade da concepção do indivíduo egoísta; se as formas de sociabilidade próprias à política podem ter os mesmos fundamentos que as formas de ação próprias ao mercado.

Mercado e Indivíduo: Algumas Considerações sobre os Fundamentos A-históricos do Indivíduo Egoísta

O conceito monológico de racionalidade tem o seu fundamento na idéia do mercado enquanto paradigma da liberdade individual. Adam Smith foi o inaugurador dessa linha de pensamento ao limitar a dominação política ao constrangimento exercido por um sistema pessoal ou tradicional sobre a liberdade individual. Segundo Smith, uma vez que todos os sistemas de constrangimento tenham sido abolidos, [...] o óbvio e simples sistema da liberdade individual se estabelece. Todo homem que não viole as leis da justiça é deixado completamente livre para perseguir o seu próprio interesse à sua própria maneira. (Smith, 1776, II: 180.)

A colocação de Smith que, evidentemente, adota os mesmos pressupostos da definição de Coleman discutida acima, supõe que a economia de mercado surgiu a partir do desenvolvimento do indivíduo racional. Esta constitui a origem de todas as teorias liberais. Uma boa parte delas resgata uma entre duas metáforas: a metáfora de Robson Crusoé ou a metáfora do estado de natureza. Na primeira metáfora, a sociedade é reconstituída a partir do trabalho de um indivíduo conhecedor dos seus interesses que enfrenta a diversidade de um ambiente externo hostil. É justamente essa capacidade que, segundo a teoria da escolha racional, tornaria Robson Crusoé um indivíduo livre:

uma pessoa é livre na medida em que ela é capaz de, sem interferências, direcionar as suas capacidades para colocá-las a serviço das suas preferências. Uma vez que Crusoé é livre, ele é capaz de usufruir do benefício do seu trabalho. O que ele consome é o que ele produz (Hechter, 1987: 90).

Na verdade, Crusoé está longe de poder constituir a sociedade apenas a partir do seu próprio trabalho. Defoe, tal como a maior parte das teorias da escolha racional, não faz nada mais do que contrabandear a sociedade para as condições iniciais nas quais o indivíduo isolado se encontra. No caso específico de Robson Crusoé a sociedade é representada pelo navio aonde Crusoé, busca os instrumentos de trabalho que vão ser capazes de garantir a sua sobrevivência e que representam a possibilidade de reconstrução da sua relação com o todo social[5]. Desse modo, na sua primeira

---

5. Vale a pena, no entanto, notar que o navio, enquanto representante da sociedade, implica a mesma operação que todas as teorias da escolha racional realizam, isto é, a objetificação das relações sociais. Elas não estão presentes enquanto força viva e sim como um conjunto de instrumentos à disposição da vontade de um só ator. Vide Daniel Defoe, 1719, *Robinson Crusoe*. Vide também M. E. Novak, 1962, *Defoe and the Nature*

versão, a metáfora do isolamento não é capaz de produzir o indivíduo racional mas apenas uma condição de isolamento entre esse indivíduo e a sociedade. Robson Crusoé não reconstrói a sociedade, ele apenas se encontra em uma situação ideal para transformá-la em instrumento para a realização das suas preferências.

A segunda metáfora utilizada pelos autores que supõem a constituição do mercado através da vontade de indivíduos isolados é a metáfora do estado de natureza na sua versão lockeana. Para Locke, tanto "a terra quanto seus frutos foram dados em comum para a espécie humana" (Locke, 1965). Os homens, através de uma propriedade cognitivo-instrumental apropriam a natureza através do seu trabalho. O trabalho constitui, portanto, meio legítimo de apropriação capaz de fazer com que o indivíduo racional persiga o seu próprio interesse. Todo homem é proprietário do seu próprio trabalho e da sua própria capacidade e nada deve à sociedade por isso. A política, assim como as relações econômicas, decorre dessa capacidade básica o que significa, tal como nos diz MacPherson, que "[...] nem o dinheiro nem o contrato devem sua validade ao Estado. (Ambos L. A.) são uma emanação dos objetivos naturais do homem e devem sua validade ao raciocínio humano natural" (MacPherson, 1963: 222). A operação realizada pelas teorias contratualistas é ligeiramente diferente da suposição da "robinsonadas".

Os contratualistas sustentam uma situação pré-social na qual a riqueza detida pelos indivíduos pode ser derivada da utilização do seu potencial cognitivo-instrumental. Uma vez que essa situação é anterior ao estabelecimento da sociedade, essa última poderia, então, ser considerada um resultado da preferência de indivíduos isolados. A natureza contrafactual da situação do contrato social tem como conseqüência a incapacidade das teorias contratualistas de enfrentar a discussão sobre a natureza consensual das regras que fundam

---

of Man. Nesse sentido, Defoe seria um antecipador da idéia de auto-interesse enquanto objetificação do outro. Sobre auto-interesse e objetificação vide Jürgen Habermas, 1984, *The Theory of Communicative Action,* I, Capítulo 1).

o mercado, regras essas que dificilmente poderiam ser derivadas do aparato cognitivo instrumental dos indivíduos. (Benhabib, 1984.)

Não é difícil perceber que tanto a metáfora de Robson Crusoé quanto a metáfora do estado de natureza fundam a idéia da racionalidade do indivíduo no mercado. Ambas supõem um momento lógico ou histórico no qual os indivíduos estariam completamente desvinculados de quaisquer relações políticas ou comunitárias. Nesse momento, os indivíduos seriam senhores absolutos dos seus interesses devido ao isolamento geográfico, no caso de Robson Crusoé, ou devido à associabilidade no caso do estado de natureza. Evidentemente, é a ausência do estado ou da coletividade que, nos dois casos, vai determinar que o indivíduo é conhecedor dos seus próprios interesses e, portanto, racional. O passo seguinte das teorias liberais é, então, reconstruir a sociedade a partir dos interesses desse indivíduo isolado. Para tanto, essas teorias tomam como modelo os sucessivos problemas que o indivíduo isolado enfrenta. Adam Smith, em sua *Teoria dos Sentimentos Morais,* adota exatamente essa perspectiva ao reconstruir os interesses dos indivíduos exatamente na mesma ordem de prioridades que Robson Crusoé estabeleceu para si mesmo: a preservação da saúde do corpo, a segurança em relação a animais selvagens e outros homens, e a tentativa de assegurar a tranqüilidade através do desempenho de uma atividade metódica cujo resultado possa ser acumulado (Smith, 1759: 214-215). Os princípios da economia, da indústria e da sociedade devem ser deduzidos do auto-interesse desse indivíduo, o que para Adam Smith significa que nós não devemos esperar "o nosso jantar da benevolência do açougueiro, do padeiro e do dono da cervejaria. Nós devemos esperá-lo do fato que eles buscam realizar seus auto-interesses" (Smith, 1776 I, ii: 2).

Os economistas clássicos sofreram críticas severas por haverem, como argumentou Karl Marx, substituído o indivíduo produzido pela sociedade pelo semblante da sociedade produzida pelo indivíduo (Marx, 1858). A colocação de Marx chama atenção para um fato histórico que tem conseqüências teóricas. O indivíduo das chamadas "robisonadas do século XVIIII" é produto do desenvolvimento de uma economia de mercado e não o contrário. Polanyi dá substância histórica às colocações de Marx ao descrever o papel exercido pelo Estado moderno na dissolução do que ele denominou de formas orgânicas de vida. Segundo Polanyi, "para separar o trabalho das demais atividades cotidianas e submetê-lo às leis do mercado foi preciso aniquilar todas as formas orgânicas de existência [...]" (Polanyi, 1944: 163). Ou seja, antes do final do século XVIII, tal como afirmam Marx e Polanyi, jamais existiu uma sociedade controlada pelo princípio do mercado. As colocações dos dois autores têm mais do que um significado meramente histórico, na medida em que elas nos levam a indagar, tal como fizeram os clássicos das ciências sociais, acerca das conseqüências para o entendimento de problemas como a racionalidade e a liberdade individual, do fato das sociedades de mercado haverem surgido desagregando formas coletivas de vida (Marx, 1858), diminuindo o controle do indivíduo sobre a sua vida cotidiana (Weber, 1968) e dissolvendo as formas tradicionais de solidariedade (Durkheim, 1906), (Parsons, 1937).

É interessante notar que a introdução dessas variáveis na discussão nos permite perceber aonde irá se situar a divergência entre as teorias da modernidade que supõem a existência de duas formas de racionalidade e as teorias da escolha racional com sua concepção monológica de racionalidade: no efeito que a dissolução das formas coletivas de produção de solidariedade irá produzir na política moderna. Nesse sentido, o problema da política moderna se coloca em termos inversos aos supostos por Hechter e as teorias da escolha racional. Não se trata de saber, tal como afirma a autora, "se algum indivíduo poderia argumentar que a operação do mercado o afetou de forma diferente dos demais indivíduos" (Hechter, 1987: 95). Trata-se, pelo contrário, de supor junto com Marx, Durkheim e Weber, que é precisamente porque o mercado não leva em conta a particularidade dos indivíduos, das comunidades, que ele é incapaz de se constituir em paradigma único da sociabilidade. A questão que se coloca, portanto, é de se indagar quais são as formas modernas de se contrabalançar o déficit normativo causado pelo surgimento do mercado. É nessa vertente que se coloca uma segunda linha de teóricos da escolha racional tais como Elster e Reis que se colocam a seguinte questão: seria o impacto do mercado sobre a sociabilidade decorrência do próprio mecanismo operativo do mercado ou das distorções de um ponto de partida inicial injusto cuja correção não seria, todavia, incompatível com o princípio organizador do mercado. É a análise da resposta dada por esses autores ao problema da relação entre objetificação, liberdade e racionalidade que dedicaremos a próxima seção deste capítulo.

A Apoliticidade do Mercado e a Objetificação da Racionalidade

Uma vez desfeito o equívoco acerca da possibilidade de reconstituição da sociedade a partir do ponto de partida do indivíduo isolado, uma segunda questão merece a nossa atenção. Trata-se de saber de que modo a negação das metáforas do isolamento geográfico e da associabilidade recoloca o problema da relação entre mercado, política e racionalidade. A análise dessa questão nos leva de volta a Marx enquanto defensor de uma concepção de acordo com a qual o ponto de partida do indivíduo isolado poderia se constituir em fundamento de uma situação de não-coerção econômica e política. Marx, nos *Grundrisse,* ao trabalhar o conceito de circulação introduz a idéia do indivíduo com fins privados. Tais indivíduos, "ao carregarem no bolso as suas relações sociais", tornam-se livres na medida em que se desvinculam de relações pessoais e hierárquicas. Ainda em conexão com a idéia de circulação, Marx se pergunta se a objetificação produzida pelo mercado não seria uma forma de tornar os indivíduos iguais. Afinal, se os indivíduos se encontram no mercado na posição de intercambiadores de produtos, todas as características possuídas pelos outros indivíduos lhes seriam indiferentes e, enquanto tal, irrelevantes. Na formulação de Marx, essa indiferença poderia se constituir em fundamento tanto da racionalidade quanto da igualdade civil:

Ainda que o indivíduo A sinta a necessidade da mercadoria produzida pelo indivíduo B, ele não a apropria através da força. Pelo contrário, cada um reconhece o outro como proprietário, isto é, como pessoa cuja vontade penetra suas mercadorias. Desse modo, o momento jurídico da Pessoa assim como o da liberdade aparecem aqui enquanto contidos no momento anterior. Ninguém se apropria da propriedade de um outro pela força. Cada um se desfaz da sua propriedade voluntariamente [...] No ato do intercâmbio, o indivíduo se reflete exclusivamente enquanto sujeito determinante. Com isso, a liberdade completa do indivíduo se coloca por meio da transação voluntária e da ausência do emprego da força por ambas as partes [...] O outro é reconhecido como alguém que realiza igualmente o seu auto-interesse egoísta, de tal modo que ambos (indivíduos) saibam que seus interesses comuns estão limitados à dualidade, à multilateralidade e ao desenvolvimento autônomo da troca entre indivíduos em busca de seus próprios interesses. *O interesse geral, nesse caso, constitui apenas a generalização do interesse egoísta.* (grifo meu) (Marx, 1858: 243-245.)

Não podem haver dúvidas sobre a intenção da colocação de Marx, ainda que se possa indagar sobre a sua compatibilidade com outras colocações do autor. Na verdade, a colocação de Marx parece pouco compatível com todas as colocações nas quais a análise da esfera da produção é introduzida. Nessas análises, a liberdade aparece enquanto ilusória na medida em que ao desiderato da autonomia na procura pelo auto-interesse egoísta se seguiria a perda da autonomia do indivíduo produtor. As teorias da escolha racional, especialmente Jon Elster, descartam a dimensão da falsa liberdade do indivíduo-produtor com o argumento de que as noções de força e de livre escolha seriam incompatíveis (Elster, 1986: 30). Para Jon Elster, duas conseqüências importantes podem ser deduzidas da colocação de Marx: a primeira é que a liberdade formal usufruída pelo indivíduo torna-o autônomo durante o ato da troca; a segunda é que tal ato torna "o indivíduo responsável pelas suas escolhas" no que tange a sua condição de produtor e consumidor. Sob esse ponto de vista, para Elster, independentemente da liberdade formal do mercado ter que ser complementada "pela liberdade real do ser genérico", o que interessa é o fato de que o mercado, ao isolar as decisões dos indivíduos das suas interconexões com os outros indivíduos, cria uma arena na qual o indivíduo pode tomar as suas decisões independentemente dos demais indivíduos. A racionalidade, nesse caso, é sinônimo de liberdade na medida em que esta última é reduzida ao cálculo cognitivo-instrumental das condições nas quais o indivíduo pode se autopreservar ou mesmo se tornar bem-sucedido encarando todos os demais indivíduos enquanto meio para a realização dos seus próprios interesses. Nesse sentido, para Elster, a liberdade é na melhor das hipóteses a realização da condição descrita por Marx acerca da generalização do egoísmo.

Se o mercado cria através da objetificação uma situação na qual os indivíduos não precisam levar em consideração os interesses dos demais indivíduos ao tomarem as suas decisões, então, essa condição pode ser estendida do campo da economia para a arena da política na qual autonomia e racionalidade podem ser entendidas enquanto a possibilidade de se tomar decisões a partir de critérios estritamente pessoais. Nesse caso, não seria difícil estabelecer uma analogia entre a forma como as decisões econômicas são coordenadas· através do mercado e o modo como as decisões políticas podem ser coordenadas. Esse passo adicional é dado por Reis (1991). Para ele, se tomarmos a dimensão que Marx e Elster chamam de "liberdade formal" deveríamos, logicamente destacar "os ingredientes igualitários do mercado" e o fato de que as idéias

[...] de contrato e de livre deliberação nas transações [...] se opõem a ideais tais como status e dominação [...] Tomada nesse sentido, (a realização da idéia de mercado L.A.) exigiria garantias estruturais e institucionais para que pudesse preservar a sua característica igualitária. (Reis, 1991: 80.)

Reis dá um passo adiante em relação às colocações de Marx e de Elster na medida em que transforma um suposto de igualdade formal em um princípio de igualdade real fundado unicamente na possibilidade, de nenhuma forma assegurada, de transformar um ponto de partida igualitário em um ponto de chegada igualitário. Tanto Elster quanto Reis deixam de enfrentar dois pressupostos altamente problemáticos da colocação de Marx: a) a ausência de um critério normativo capaz de fundamentar as idéias de liberdade e de igualdade, já que Marx pensou poder derivar ambos os atributos da equivalência do intercâmbio de mercadorias entre indivíduos; b) a impossibilidade que a indiferença em relação ao outro, decorrente de um processo histórico de objetificação da ação social, possa se constituir em critério suficiente para a determinação da racionalidade ou da liberdade nas sociedades modernas. Permitam-me desenvolver ambas as questões com um pouco mais de vagar.

A colocação de Marx tem como pressuposto a idéia de que a validade das instituições políticas e econômicas é determinada pelas relações sociais nas quais estas se assentam. Esse constitui o fundamento da dicotomia entre liberdade formal e liberdade real que, certamente, é uma formulação que perpassa o conjunto da obra de Marx. Todavia, existe na colocação dos *Grundrisse* algo de distinto em relação a colocações semelhantes que é o que chamou a atenção de tantos autores para essas passagens (Cohen, 1982), (Lefort, 1979): trata-se do fato da liberdade formal não ser ilusória e sim real no sentido de constituir uma dimensão efetivamente existente na realidade na qual a igualdade rege relações entre indivíduos. Da forma como o pensamento de Marx opera, uma vez constatada a não-ilusoriedade dessa forma de igualdade, daí necessariamente deveriam se seguir conseqüências normativas e políticas. Ou seja, no esquema teórico marxiano, aquilo que é real é capaz de exercer as suas próprias condições de validade. Nesse caso, se os indivíduos são iguais porque o mercado os torna indiferentes aos demais indivíduos, pressupostos políticos e normativos se derivariam desse ato primário. Marx supõe, tão arbitrariamente quanto os autores liberais, a situação que torna os indivíduos iguais. É da equalização do trabalho dos indivíduos que decorre a efetividade da figura normativa central das sociedades modernas, o contrato.

Existe um problema fundamental com a colocação de Marx: a suposição da automaticidade da operação das

91

instituições políticas e normativas. Marx, assim como os diferentes teóricos da escolha racional, tem um conceito pré-social de racionalidade[6]. De acordo com essa concepção, a racionalidade não seria nada mais do que a capacidade dos indivíduos em diferentes períodos históricos de perceber onde seus interesses estão localizados. Não se trata aqui de mais uma vez criticar tal concepção. Trata-se apenas de apontar que, ao negar a separação entre economia e política, Marx deixou de perceber que nas sociedades modernas a política tem um fundamento próprio derivado da possibilidade do reconhecimento do outro enquanto um igual. Esse fato, que Marx procurou reduzir à equalização do trabalho, tem um significado mais amplo na medida em que ele não implica apenas na generalização do egoísmo mas também na generalização dos direitos em relação aos quais a própria condição do indivíduo moderno está associada. Ou seja, a diferença que separa a igualdade postulada pelo mercado e a igualdade associada ao direito abstrato é que, no primeiro caso, a igualdade se funda no desinteresse radical pelo outro, enquanto que, no segundo, o outro é reconhecido como alguém passível de ter associado à sua pessoa os mesmos direitos que eu posso reivindicar para mim[7]. Não se trata mais, portanto, da generalização do egoísmo

6. Marx, em uma carta a Ruge, fez a seguinte afirmação acerca da problemática da racionalidade: "[...] a razão sempre existiu ainda que nem sempre de uma forma racional". Seguindo a sugestão de Locke e Hobbes, Marx parece considerar a razão uma faculdade cognitiva que estaria em contradição com a racionalidade das instituições sociais. A ação da classe dominada cumpriria o papel de tornar compatível a idéia subjetiva de razão com a sua manisfestação na realidade social. Para uma análise da idéia de racionalidade em Marx, vide L. Feinberg, 1981, *Lukacs, Marx and the Sources of Critical Theory.*

7. Benhabib (1984) aponta para o fato de que Hegel, na *Filosofia do Direito,* já havia formulado a questão dos direitos nesses termos. Segundo a autora, "depois da descoberta da estrutura da intersubjetividade humana no período de Iena, (Hegel) irá rejeitar qualquer metodologia para a qual a natureza humana ou racionalidade fossem transformados em um dado pré-social, ignorando a formação e a constituição da identidade através da interação com os demais eus da comunidade". Vide Seyla Benhabib, 1984, Obligation, Contract and Exchange, p. 106.

e sim da generalização de uma condição positiva associada à cidadania. Em sua suposta tentativa de colocar Marx de cabeça para cima, tanto Elster quanto Reis repetem o equívoco cometido por Marx. Ao negarem a existência de um acordo normativo fundante da política moderna, eles não conseguem se dissociar de uma concepção empobrecida da política moderna de acordo com a qual o sistema democrático não ofereceria aos cidadãos nada mais do que a possibilidade de agregação dos seus interesses privados através do processo eleitoral.

Parece bastante claro o itinerário que leva da anormatividade marxiana à anormatividade das teorias da escolha racional[8]. Se, para Marx, a negação da idéia de normatividade tinha como inspiração uma possibilidade de correspondência entre práticas e normas na qual as práticas sociais teriam precedência em relação às normas, a teoria da escolha racional, nas versões de Elster e de Reis, opera uma inversão através da qual toda e qualquer ligação entre prática política e normatividade é negada. O resultado é uma concepção da política que nega as bases consensuais da ação transformando a defesa de interesses privados em único critério para a ação, ao substituir a idéia de argumentação própria à política pela idéia de barganha própria ao mercado[9]. Com isso,

---

8. O grau de anormatividade varia entre os diferentes autores da teoria da escolha racional. Przeworski parece ser o autor que nega mais radicalmente a noção de normatividade. Em *Democracia e Mercado,* ele afirma que "nem comprometimentos normativos nem comprometimentos sociais são necessários para gerar obediência em relação às decisões democráticas. Para ele, é suficiente que o Estado tenha poder de coerção". Vide p. 25. Jon Elster leva a questão normativa um pouco mais a sério, ainda que ele enfrente dificuldades óbvias em relação ao problema que terminam por fazê-lo admitir que ele não sabe o que as normas são. A tendência recente de Elster é inserir a normatividade enquanto critério para escolhas individuais. Só assim é possível entender a sua afirmação de que a teoria da escolha racional é sobretudo uma teoria normativa. Vide Jon Elster, 1990, The Possibility of Rational Politics, p. 116; Jon Elster, *The Cement of Society.* O problema com a formulação de Elster é que ele continua supondo que as preferências individuais estão dadas e que, portanto, normatividade e racionalidade estão em oposição.

9. Esse parece ser um equívoco comum a todas as versões da teoria da escolha racional. Nenhuma delas consegue perceber que o processo de

93

acentua-se a dinâmica das instituições políticas encarregadas de coordenar a disputa estratégica entre atores sociais, ao mesmo tempo, que as dimensões pactadas e negociadas da política são ignoradas. A prática política acaba sendo equiparada com um exercício de coordenação impessoal e automático da ação, coordenação essa fundada em um conceito cognitivo-instrumental de racionalidade que, como demonstramos acima, é incapaz de fundamentar um conceito abrangente de política. Resta àqueles que têm a preocupação de pensar a política a partir de uma perspectiva mais ampla de proceder de maneira inversa, isto é, demonstrando que existe um conceito complementar de racionalidade capaz de fundamentar as bases consensuais da política moderna.

Racionalidade Dual e Política: Breves Colocações sobre os Fundamentos Normativos da Política Moderna

Adam Smith, ao estabelecer a dicotomia entre o moderno e o tradicional, enquanto oposição entre relações pessoais e

argumentação próprio à política se distingue do processo de barganha próprio à atividade mercantil. A melhor diferenciação entre um e outro foi elaborada por Michelman. Para ele, a política implica "[...] em um intercâmbio de argumento entre pessoas que se reconhecem uns aos outros enquanto iguais em autoridade [...] A deliberação supõe um certo tipo de amizade cívica, uma atitude de abertura e persuasão [...] A interação estratégica, pelo contrário, [...] pede que cada pessoa não leve em conta nenhum interesse a não ser o seu próprio. O seu meio não é o argumento mas a barganha". Vide Frank Michelman, 1989, *Conceptions of Democracy in American Constitutional Argument*. Reis não consegue escapar desse dilema ao propor uma concepção de cidadania. Acaba dividindo-a entre uma dimensão negativa de deveres que identifica com o cívico e uma dimensão positiva de autonomia que identifica com o mercado e denomina de civil. O erro que ele comete deriva-se do fato do tipo de autonomia por ele identificada com o civil consistir apenas na barganha motivada pelo auto-interesse egoísta. Vide Fábio Reis, 1994, "Cidadania, Mercado e Sociedade Civil". Elster opera com uma distinção entre barganha e argumentação, mas ele parece incapaz de reconhecer uma forma não-econômica de negociação de interesses. Vide Jon Elster, 1986, *The Market and the Forum*. Para uma crítica dos limites da formulação de Elster, vide Jürgen Habermas, 1995, *Between Facts and norms*, Capítulo 8.

liberdade individual limitou a idéia de racionalidade à satisfação do auto-interesse. Smith deixou sem solução o problema do impacto das formas impessoais sobre as relações interativas entre os indivíduos. Se parece correto supor que a ampliação da dimensão espaço-temporal na qual a interação social ocorre permite ao indivíduo moderno se desvincular da comunidade em que ele vive e, com isso, adquirir um grau mais elevado de autonomia, por outro lado, não é possível limitar o impacto do mercado sobre a sociabilidade a esse aspecto. A extensão das relações econômicas no tempo e no espaço cria um processo de desagregação das formas de produção de identidades e solidariedades, formas essas que não podem ser substituídas pela extensão do cálculo egoísta da esfera do mercado para a arena da sociabilidade. A questão que se coloca, portanto, é perceber que o surgimento da forma mercado e do tipo de racionalidade com a qual está ligado não é o único processo com o qual a modernidade está associada. Na verdade, ela representa um entre dois processos, o outro sendo o processo que tornou as bases consensuais da ação reflexivas.

A preocupação descrita acima constitui o centro da obra de todos os clássicos das ciências sociais. Entre eles, Max Weber transformou essa preocupação na análise do processo que levou à substituição de uma normatividade substantiva por uma ética formal. Dentro da sua concepção de história desenvolvimental (Schluchter, 1981: 1989), Weber tematizou essa questão em termos de tipologias de desenvolvimento das religiões universais. De acordo com o primeiro critério dessa tipologia, as religiões universais vão evoluindo historicamente de acordo com a sua posição em relação à dualidade afirmação / rejeição do mundo. De acordo com o segundo critério dessa tipologia, as religiões universais vão evoluindo de acordo com a dicotomia entre condutores intelectuais e condutores práticos da doutrina religiosa. Ao proceder desse modo, Weber conecta moralidade e racionalidade com a crescente abstração ou generalização da idéia do outro (Kalberg, 1980). A abordagem weberiana da relação entre moralidade e racionalidade tem a virtude de conseguir associar moralidade, racionalidade e desenvolvimento histórico ao identificar a racionalização com momentos da evolução histórica nos quais as religiões universais passaram a expressar concepções cada vez mais abstratas dos indivíduos. Essa constitui a grande virtude da concepção de racionalidade defendida pelo autor. Todavia, a forma como Weber supôs o desaparecimento da dimensão ética da racionalidade no desenvolvimento da própria modernidade é altamente problemática. Afinal, não existe, tal como Habermas mostrou[10], nenhum motivo para que aceitemos a redução de todas as formas de ética na modernidade ao utilitarismo. Pelo contrário, é possível supor com Durkheim (1906) que o que ocorre com a modernidade é uma mudança na forma como as normas se legitimam, isto é, nos motivos pelos quais as normas sociais podem ser vinculantes sem o recurso à sanção externa. Nas sociedades modernas, o caráter vinculante das normas já não remete a um consenso em torno de valores estabelecidos arbitrária ou tradicionalmente. O consenso em relação às normas se deve a um processo de generalização e abstração da idéia do outro, processo esse que estabeleceu uma base racional para a determinação dos valores éticos presentes na política moderna. Esse constitui o fundamento do reconhecimento do outro enquanto indivíduo potencialmente portador de direitos e portanto enquanto alguém com quem eu posso, através do debate e da argumentação, determinar as características da sociedade na qual ambos vivemos.

10. O argumento weberiano conecta racionalidade e ética religiosa de forma tal que, apesar do processo de racionalização ter um ponto de partida cultural, ele não é capaz de manter tal característica devido à contradição entre ética religiosa e secularização. Segundo Weber, isso faz com que "[...] a procura de uma vocação não mais possa ser relacionada com valores espirituais ou culturais [...]". Como resultado, a única ética possível nas sociedades modernas é o utilitarismo. (Max Weber, 1930, *The Protestant Ethic and the Spirit of Capitalism.*). Habermas, na *Teoria da Ação Comunicativa* (p. 230), discorda do argumento weberiano mostrando que a tese de que "a consciência moral pós-tradicional que não pode ser estabilizada sem um fundamento religioso carece de fundamento". Para Habermas é possível mostrar que as éticas formais desempenham nas sociedades modernas tal papel. Essa discussão foi abordada detalhadamente nas páginas 65 a 76.

Ao pensarmos a transição do tradicional para o moderno a partir dessa perspectiva, podemos perceber que aquilo que Smith e as teorias da escolha racional supõem ser um só processo, são, na verdade, dois processos: não é possível reduzir a modernidade e a racionalidade ao surgimento do indivíduo egoísta capaz de utilizar uma faculdade cognitivo-instrumental para determinar quais são os seus interesses. Tal operação acaba nos obrigando a atribuir ao mercado aquilo que não é capaz de fazer, isto é, estabelecer as bases da relação consensual dos atores sociais em relação às regras da atividade econômica. Estas provêem da estrutura do direito civil, ou seja, de normas abstratas aceitas pelo conjunto dos atores econômicos e capazes de fornecer à atividade econômica sua natureza consensual[11]. Equívoco ainda maior é cometido pelas teorias da escolha racional em relação às bases consensuais da política. Mais uma vez as teorias da escolha racional estabelecem uma analogia insustentável entre a forma da atividade política e a forma da atividade econômica concebendo o político ou como "a troca por direitos em relação a recursos escassos" (Coleman, 1990) ou enquanto atividade estratégica permanente (Reis, 1984). Em ambos os casos, perde-se de vista a base consensual seja da negociação de direitos, seja da ação estratégica, base essa fornecida pelo arcabouço constitucional das sociedades modernas[12]. É ela que permite que

11. É interessante perceber que a legalização do mercado sem a institucionalização das regras do direito civil nos países do antigo bloco soviético não foi capaz de gerar uma economia de mercado. Nos poucos setores onde tais atividades se desenvolveram, estas tenderam a se concentrar no interior de comunidades etnicamente homogêneas, o que apontaria para o fato de que o mercado necessita de algum tipo de base consensual que ele mesmo não é capaz de fornecer e que, nos casos em que o direito civil não opera, a única possibilidade de desenvolvimento de atividades privadas se dá em torno de uma normatividade comunitária ou tradicional.

12. Hannah Arendt foi a autora que melhor percebeu o modo como as constituições desempenham tal papel. Em seu livro *Da Revolução*, Arendt critica a noção rousseauniana de vontade geral com a conseqüente noção de unicidade por ela gerada e defende a idéia de que a nação é constituída por uma multiplicidade de vontades. De acordo com a autora,

a ação estratégica e a negociação de direitos sobre recursos ocorram no marco de um consenso sobre o que são direitos e em quais arenas faz sentido agir estrategicamente. A suposição que a modernidade não constitui somente o processo de emergência da racionalidade cognitivo-instrumental mas constitui também um processo de generalização das normas capaz de fornecer as bases consensuais da ação nos fornece as bases para pensar em um conceito dual de racionalidade. Afinal, o que está por trás da normatividade das instituições políticas modernas é, justamente, a percepção de que não existem regras privadas por não ser possível agir de modo cognitivo-instrumental em relação a regras. Ou bem as regras são entendidas da mesma forma e a ação normativa ocorre ou bem não é possível chegar ao sucesso na coordenação da ação. A internalização comum do substrato normativo expressa, portanto, aquilo que na introdução deste trabalho foi denominado de concepção intersubjetiva de racionalidade. Uma concepção de acordo com a qual o indivíduo age racionalmente "na medida em que chega a um entendimento comum sobre alguma coisa no mundo com pelo menos mais um indivíduo" (Habermas, 1984, I: 11). Nesse sentido, ser moderno não implica somente, tal como supôs Hobbes e supõem as teorias da escolha racional, em autopreservar-se. Ser moderno implica também em negociar o substrato coletivo que antecede a própria possibilidade da autopreservação. Uma atividade capaz de fundamentar um entendimento da política enquanto constituição de formas de deliberação capazes de ultrapassar a mera agregação de interesses privados. Nos dois próximos capítulos, pretendemos demonstrar que tanto a democracia quanto a democratização estão fundadas nesse acordo normativo que está na base da política moderna.

a constituição nessa acepção implica "um contrato mútuo através do qual o povo se liga entre si de modo a formar uma comunidade [...]. Seu verdadeiro conteúdo é um compromisso e o seu resultado é, de fato, uma sociedade ou consociação [...]. Uma tal aliança reúne a força isolada das partes aliadas e liga-as em uma nova estrutura de poder em virtude de livres e sinceros compromissos" (Hannah Arendt, 1962, *Da Revolução*, p. 167).

5. TEORIA DEMOCRÁTICA, RACIONALIDADE E PARTICIPAÇÃO: UMA CRÍTICA HABERMASIANA AO ELITISMO DEMOCRÁTICO[1]

> *Democracy is like a rising tide. It only recoils to come back with greater force and soon one sees that for all its fluctuations it is always gaining ground. The immediate future of European society is completely democratic [...]*
>
> TOCQUEVILLE, 1833.

> *When the cycles of the world are about to move into the period of universal peace, it is not something restricted to the West, nor something that China can avoid. I know that in less than one hundred years, all five continents will be under the rule of the people and our China will not be able to continue unchallenged.*
>
> LING CH'I CH'AO, 1897.

---

1. Trabalho apresentado na XIX reunião anual da ANPOCS, em Caxambu.

Estudar a teoria democrática do final do século implica perceber dois fenômenos igualmente importantes e que se colocam em oposição um em relação ao outro. O primeiro desses fenômenos é expresso pelas colocações de Tocqueville e Ling Ch'ao, todos os dois representantes de uma ordem política que temia e, ao mesmo tempo, entendia a inevitabilidade do avanço da democracia. Tocqueville percebeu a inevitabilidade da democracia enquanto forma de organização das relações entre estado e sociedade e Ling Ch'ao percebeu a amplitude do apelo à soberania popular capaz de superar a distância que separa o ocidente do oriente. Para o observador do final do século já não pairam quaisquer dúvidas: a democracia constitui a única forma de governo passível de justificação.

A constatação acima não nos impede, todavia, de perceber o hiato existente entre o apelo possuído pela idéia democrática, tal como perceberam Tocqueville e Ling Ch'ao, e a concepção de democracia dominante no final do século. Essa última deixou de lado dois elementos centrais para a teoria democrática do final do século passado, a noção da soberania absoluta do povo, tal como defendida por Rousseau, (Rousseau, 1968) e a noção da democracia como forma de autodeterminação moral, tal como defendida pelas versões mais liberais da teoria democrática (Mill, 1982). Em ambas as versões existe um elemento comum à teoria democrática do século XIX que é a identificação da forma majoritária de governo com uma medida substantiva do bem comum, isto é, com uma concepção de um bem comum único e passível de justificação (Mansbridge, 1990). O processo de formação da vontade política constitui, para todas as versões da teoria democrática novecentista, um processo racional de discussão e de aferição do bem comum. É precisamente essa característica da teoria democrática do século XIX que entra em crise no momento em que a democracia se consolida como a única forma de organização política passível de justificação.

A teoria democrática do começo do século XX preocupa-se em dar resposta a dois problemas: o primeiro foi o surgimento de propostas de organização da sociabilidade

100

em bases não-democráticas. Se para os teóricos do século XIX a relação entre democracia e racionalidade estava baseada nos diferentes resultados possíveis de serem alcançados através de um processo democrático de discussão política (Habermas, 1989; Dicey, 1905), para os teóricos do século XX, tal discussão avança na direção do conteúdo da racionalidade recolocando, desse modo, a relação entre forma e conteúdo no interior da teoria democrática[2]. É desse debate que emerge a primeira grande vertente de justificação da democracia no século XX que tem em Weber e em Schumpeter os seus inauguradores. Ambos os autores irão sustentar o caráter formal da democracia.

Um segundo problema preocupou os teóricos da democracia no começo do século: trata-se da discussão acerca das formas de organização administrativa do Estado moderno e do poder dessas formas sobre o indivíduo. Mais uma vez, Max Weber foi o inaugurador dessa vertente de reflexão política que tem como centro a inevitabilidade da extensão da forma burocrática de organização do Estado tanto nos regimes autoritários quanto nos regimes democráticos. Tal constatação tem como conseqüência a percepção de que, tanto a noção de soberania absoluta defendida por Rousseau, quanto a noção de autodeterminação defendida por Mill, deveriam, necessariamente, passar pelo crivo de uma forma de organização burocrática do sistema de administração pública, forma essa que implicaria na redução dos níveis de liberdade do indivíduo e do processo de formação da vontade política. Não é difícil, portanto, perceber a dupla face da

---

2. O questionamento da democracia foi feito no começo do século XX por teóricos de filiação hegeliana a partir de uma conexão entre a forma da democracia e uma filosofia da história. As mudanças estruturais decorrentes da passagem da fase liberal para a fase monopolista do capitalismo teriam tornado a democracia uma forma de organização política historicamente inviável, segundo autores conservadores tais como Schmitt (1923). Para os teóricos de esquerda, o mesmo problema se colocou a partir da questão da relação entre forma e conteúdo da organização social. Discutiremos esse problema em detalhes na seção deste trabalho dedicada a análise da obra de Schumpeter.

consolidação do prognóstico de Tocqueville e Ling Ch'ao. Se, por um lado, a democracia se consolidou como forma de governo, tal fato se deu concomitantemente com a aceitação no interior da teoria democrática de um estreitamento da participação e do campo das decisões políticas possíveis de serem implementadas.

Este capítulo se dividirá em quatro partes: em uma primeira parte pretendemos seguir o caminho que vai de Weber a Schumpeter e que levou à consolidação da teoria do "elitismo democrático". O fio condutor da nossa análise é a tentativa de ambos autores de justificar o estreitamento da prática democrática tendo em vista o próprio objetivo de consolidação da democracia. Pretendemos discutir em que medida a solução weberiana e schumpeteriana não termina jogando fora o bebê junto com a água do banho ao desnecessariamente dissociar a forma democrática de um conteúdo ético racional. Pretendemos demonstrar, na segunda parte deste capítulo, o modo como tal equívoco irá se tornar patente na consolidação das chamadas "teorias elitistas da democracia". Tais teorias, ao transferir a racionalidade do todo político para o domínio individual, identificando racionalidade e maximização de interesses, tornam-se completamente irrealistas naquilo que é central para qualquer teoria da democracia, isto é, na capacidade normativa de justificar a superioridade da forma democrática de organização política em relação às formas não-democráticas. Esse será o gancho que nos permitirá demonstrar nas duas seções seguintes o movimento na direção da superação do "elitismo democrático". Nas terceira e quarta partes deste capítulo nós demonstraremos o modo como o pluralismo reintroduz preocupações normativas no interior da teoria democrática para, então, apontar a forma como Habermas propõe a reintrodução dentro da teoria democrática de públicos participativos capazes de conciliar a administração complexa com a racionalidade societária na qual qualquer proposta de democracia deve necessariamente se basear.

I. *De Weber a Schumpeter ou os Fundamentos do Realismo Político*

Não parece constituir mera coincidência o fato de tanto Weber quanto Schumpeter se proporem a discutir o significado da democracia em obras nas quais a pergunta acerca da relação entre socialismo e democracia ocupava posição de destaque. Referimo-nos aqui ao artigo "O Socialismo" de Weber e ao livro *Capitalismo, Socialismo e Democracia* de Schumpeter. O ponto de partida de ambos os autores é justificado pela necessidade de enfrentar o legado das teorias clássicas da democracia, especialmente, a relação por elas proposta entre democracia e soberania popular. Afinal, se a democracia, tal como supunham teóricos clássicos da política como Rousseau, não constituiria nada mais que uma forma de efetivação da soberania popular, e se o socialismo nada mais propunha do que o estabelecimento de tal poder, seria lógico adotar tal questão como ponto de partida. Weber se propõe a abordar esse problema partindo da proposta marxiana de abolição da separação entre trabalhadores e meios de produção e de administração (Weber, 1994). Schumpeter se propõe a enfrentar a mesma questão a partir da distinção entre forma e conteúdo da democracia. Ambos autores adotam como pressuposto metodológico o realismo político, isto é, a perspectiva de que a faticidade do ideal socialista-democrático poderia ser avaliada através da análise da compatibilidade entre o ideal da soberania popular e certos processos objetivos cada vez mais evidentes nas sociedades européia e americana do começo do século.

Weber aborda o problema da soberania popular analisando os problemas objetivos envolvidos na proposta marxiana de superação da separação entre trabalhadores e meios de produção e administração. Para ele tal separação constituiria apenas um caso especial de um fenômeno mais amplo:

> Em toda parte a mesma coisa (ocorre): os instrumentos (de trabalho) dentro da fábrica, da administração estatal, do exército, dos institutos universitários, [...] estão concentrados na mão daqueles que detêm o domínio sobre um aparelho humano (burocraticamente estruturado) (Weber, 1994: 258).

Ou seja, a tradição teórica inaugurada por Marx estabelece uma dependência entre soberania popular e a possibilidade de pôr fim à separação entre a população e as formas complexas de administração. No entanto, Weber sabe que o aumento da complexidade das sociedades modernas exige a transferência dos meios de administração e produção para o controle de funcionários especializados com o conseqüente aumento do controle de tais funcionários sobre a vida dos indivíduos (Weber, 1968a). É nessas circunstâncias que o autor de *Economia e Sociedade* se pergunta acerca do significado da democracia. A resposta weberiana é clara: a democracia significa a igualdade formal dos direitos políticos o que, evidentemente, implica na redução do escopo da soberania popular.

Não é difícil perceber que Weber dá importantes passos tanto na ruptura com a concepção clássica de democracia quanto no estabelecimento de um conceito realista de democracia. A ruptura mais importante entre Weber e as concepções clássicas da democracia é a substituição de um conceito holístico de racionalidade cuja pretensão é o alcançamento de uma idéia unificada de bem comum por um conceito técnico de racionalidade de acordo com o qual o aumento da complexidade das sociedades modernas apontaria na continuidade da separação entre a população e os meios de produção e administração. Tais condições, que para Weber são estreitadoras da soberania, implicam em uma tentativa realista de redefinição da democracia. Essa última é, então, definida a partir da generalização dos direitos políticos, isto é, a partir da extensão do direito de constituição do governo a todos os membros do Estado nacional. Para Weber, esse constituiria o cerne realista da teoria democrática.

Joseph Schumpeter parte de preocupações bastante semelhantes às de Weber, adotando, como ponto de partida da sua discussão sobre democracia, a forma como a tradição socialista defendia a natureza democrática da sua proposta de organização da sociedade. Diferentemente de Weber que identificou a soberania popular com a separação entre trabalhadores e meios de produção-administração, Schumpeter identifica a questão da soberania com o conteúdo da idéia de bem comum, tal como proposta pelo pensamento socialista (Schumpeter, 1942: 235-236). O fato dos teóricos socialistas aceitarem que o conteúdo da sua concepção de bem comum poderia, eventualmente, ser contraditório com a forma da democracia leva Schumpeter a perceber que a identificação da soberania popular com o conteúdo de uma proposta específica de organização societária tornaria a democracia uma proposta substantiva. Ao mesmo tempo, a tradição socialista, ao identificar a democracia com uma proposta específica de bem comum, poderia levar à ruptura com procedimentos democráticos. É a identificação de uma contradição prática entre forma e conteúdo da democracia que leva Schumpeter a reavaliar os conceitos de "soberania", "bem comum" e "racionalidade" nas suas formulações pelos teóricos clássicos da democracia.

Para o autor de *Capitalismo, Socialismo e Democracia* a definição clássica da democracia supõe duas ficções incapazes de resistir a uma análise realista: a primeira ficção é de que a democracia constituiria um arranjo institucional capaz de permitir que os indivíduos alcancem um acordo acerca do significado do bem comum (Schumpeter, 1942: 250). Para Schumpeter, o problema com essa definição é a suposição que cada pessoa pode, através da argumentação racional, entender ou ser convencida acerca de uma concepção unificada do bem comum. Duas críticas principais poderiam ser feitas a essa concepção, uma primeira de natureza técnica e uma segunda de natureza normativo-realista. A crítica técnica implica em entender que mesmo as questões que podem se constituir em objeto de consenso entre a população, como, por exemplo, a necessidade de um sistema público de saúde, envolvem discordâncias que não são necessariamente passíveis de resolução racional. A crítica valorativa implica em perceber que não existe um Homem, tal como supôs a teoria clássica da democracia, mas homens e mulheres diferentes. Tal pluralidade implica na existência de uma diversidade de valores e, tal como Weber, Schumpeter também sabe que os valores estão além do campo "da mera lógica" (Schumpeter, 1942: 251). Em suma, a teoria clássica da democracia seria inadequada, técnica

105

e normativamente por supor a possibilidade da unificação da pluralidade quando, na verdade, só é possível supor um procedimento para a convivência entre indivíduos diferentes. Há uma segunda ficção suposta pela teoria clássica e que também é criticada por Schumpeter: trata-se da ficção acerca do indivíduo racional. A crítica do autor às concepções clássicas da democracia foi influenciada pelas primeiras reflexões importantes sobre a massificação do indivíduo moderno. Traçando um paralelo entre a economia e a política, Schumpeter argumenta que mesmo nos eventos mais cotidianos os indivíduos-consumidores

> [...] não têm preferências muito definidas e suas atitudes em relação a tais preferências não se assemelham a nada racional ou imediato. Por outro lado, (tais indivíduos L.A.) são tão susceptíveis à influência da propaganda e outros métodos de persuasão que muitas vezes parece que suas preferências são impostas pelos produtores, ao invés de guiarem esses últimos[3]. (Schumpeter, 1942: 257.)

Maiores seriam os motivos que levariam os indivíduos cidadãos a se comportarem de forma semelhante na esfera política. Dada a propensão dos indivíduos de se interessarem ainda menos pelas questões políticas do que pelas questões econômicas dada a sua propensão a ceder "[...] a impulsos e preconceitos irracionais ou extra-racionais" não haveria como supor um comportamento racional dos indivíduos na esfera política. Ambas as críticas do autor à teoria clássica da democracia irão constituir o pano de fundo para a proposição de uma teoria alternativa por ele denominada de "realista".

---

3. Schumpeter tem uma visão bastante unilateral da sociedade de massas. Sua análise não consegue absorver uma série de contra-argumentos a respeito da massificação formulados tanto no interior da teoria psicanalítica, na qual ele parece se apoiar, quanto no interior da teoria econômica. No que diz respeito a esse último aspecto a teoria schumpeteriana parece incapaz de explicar fenômenos empíricos como associações de consumidores e formas de pressão desses últimos sobre os produtores. (Vide Habermas, 1992; Tuckmann, 1988.)

Schumpeter propõe a substituição da idéia da democracia enquanto soberania pela idéia da democracia enquanto método. Para ele, a democracia consiste

[...] em um certo tipo de arranjo institucional para se alcançar decisões políticas (legislativas e administrativas). Ela é, portanto, incapaz de se constituir em um fim em si mesma independentemente das decisões que produzirá em condições históricas específicas (Schumpeter, 1942: 242).

A definição de Schumpeter rompe definitivamente com a relação entre democracia e soberania ao transferir a fundamentação da democracia do conteúdo substantivo da vontade popular para o método de acordo com o qual decisões distintas são tomadas em conjunturas historicamente específicas. Não existem dúvidas de que, nesse respeito, Schumpeter é um precursor da maior parte das teorias contemporâneas da democracia ao implodir com o mito da unidade da vontade geral substituindo-o por uma pluralidade de vontades que podem, no máximo, chegar a um acordo entre si sobre procedimentos comuns para a resolução de divergências. O que não parece tão claro é a necessidade da identificação da dimensão criticada por Schumpeter – a dimensão substantiva da democracia – com a idéia de racionalidade. Tal identificação acaba limitando drasticamente os potenciais racionais do método democrático, tal como proposto por Schumpeter, o que nos leva à discussão do segundo elemento da teoria schumpeteriana da democracia.

O autor de *Capitalismo, Socialismo e Democracia* não apenas propõe que a democracia seja considerada um método, como também ressalta sua característica de método de produção de governos. Ao discutir a forma como os governos são produzidos, Schumpeter propõe a superação do empecilho provocado pela irracionalidade das massas, através da limitação da sua participação na política ao ato da produção de governos, isto é, ao voto. Todas as demais atribuições do governo capazes de gerar algum nível de racionalidade política passam a fazer parte dos encargos das elites. Essas últimas ao competir livremente pelo voto seriam capazes de assegurar, de forma semelhante à livre competição no mercado, o prevalecimento da racionalidade política[4]. Existe, no entanto, um problema fundamental com a forma como Schumpeter propõe a formação da racionalidade política, qual seja, a ausência na sua teoria da racionalidade política de uma instância individual de geração da racionalidade. Tanto o racionalismo crítico quanto a teoria econômica na qual ele se baseia para propor a analogia entre mercado e política supõem uma certa dose de racionalidade individual sem a qual ambas padeceriam de um problema de coerência lógica. A noção de racionalidade democrática pregada por Schumpeter acaba carecendo de um critério que tornaria o voto em determinada parcela das elites mais ou menos racional. Nesse sentido, sua teoria ao prescindir da racionalidade dos agentes deixa de tratar de forma adequada o modo como a democracia entendida como forma racional de organização do Estado seria capaz de compatibilizar o Estado com o indivíduo e a sociedade.

O balanço das contribuições de Weber e Schumpeter aponta na mesma direção. Ambos autores perceberam que o pressuposto da soberania conflitava tanto com as formas complexas de administração do Estado moderno quanto com a pluralidade de valores e de orientações individuais. Ambos os autores perceberam também a necessidade de oferecer uma resposta formal ao problema da justificação da democracia: Weber apontou a extensão dos direitos políticos como a dimensão formal justificadora da democracia ao passo que Schumpeter propôs o consenso em torno do método de constituição do governo. Todavia, nenhum dos dois autores conseguiu conectar a forma com a qual eles identificaram a prática da democracia com a idéia de

---

4. Apesar da concepção de racionalidade de Schumpeter ser inspirada no racionalismo crítico, existe uma diferença importante entre a concepção de racionalidade de um autor como Popper e aquela defendida por Schumpeter. Para Popper a racionalidade não pode ser concebida *a priori* e resulta do próprio processo de crítica de uma teoria ou de uma autoridade estabelecida. Desse modo, não seria possível entender porque a competição apenas entre as elites e não no interior da sociedade como um todo seria capaz de gerar racionalidade. (Vide Popper, 1963: 25-26.)

108

racionalidade associada com a democracia desde a sua origem no período moderno. Weber não foi capaz de fazê-lo porque para ele o único tipo de racionalidade com a qual o indivíduo poderia se identificar era uma racionalidade instrumental sem qualquer valor em si mesma[5]. Schumpeter não foi capaz de fazê-lo porque ele negou a base individual-racional constitutiva da democracia. Ambos os autores, portanto, propõem soluções aos dilemas enfrentados pela teoria democrática da primeira metade do século capazes de justificar a continuidade da prática democrática. No entanto, ambos parecem incapazes de dar uma resposta consistente ao diagnóstico de Tocqueville e Ling Ch'ao na medida em que parecem incapazes de conciliar o realismo do método democrático por eles proposto com o apelo normativo da idéia de democracia apontado por ambos os autores. Na próxima seção deste trabalho iremos analisar a mais bem-sucedida alternativa, no período do pós-guerra, de fundamentar uma concepção elitista da democracia com base na racionalidade individual: a teoria da democracia proposta por Anthony Downs.

II. A Teoria Democrática de Downs: ou da Relação entre Racionalidade Individual e Elitismo Democrático

O livro de Anthony Downs *An Economic Theory of Democracy* inaugura a teoria democrática do pós-guerra na medida em que o autor enfrenta parte das questões levantadas por Weber e Schumpeter na primeira metade do

---

5. O conceito weberiano de racionalidade distingue racionalidade valorativa de racionalidade de meios e fins. A racionalidade de valores seria caracterizada por uma situação na qual "[...] os agentes sociais, sem levar em conta qualquer tipo de conseqüências, agem de acordo com a sua convicção, daquilo que seria demandado pelo dever, pela honra, pela beleza, pela piedade religiosa [...]" A racionalidade de meios está ligada a uma avaliação dos instrumentos mais adequados para se alcançar um fim predeterminado. Para Weber, esse último tipo de racionalidade implicaria a diminuição da liberdade individual e iria contra a possibilidade de fortalecimento da democracia. (Vide Weber, 1968a.)

século e, simultaneamente, antecipa parte das questões a serem levantadas pelos teóricos da democracia da segunda metade do século. Downs ainda se preocupa com a questão da irracionalidade das massas, a questão central enfrentada pela teoria democrática da primeira metade do século mas, ao mesmo tempo, é capaz de antecipar as questões que a substituição do cenário europeu pelo cenário norte-americano irão suscitar para a teoria democrática. É essa substituição que irá permitir a Downs preencher a lacuna evidente na teoria schumpeteriana: a incapacidade do autor de *Capitalismo, Socialismo e Democracia* de compatibilizar a sua teoria democrática com uma teoria da racionalidade individual. Downs propõe uma solução para esse problema através da identificação da idéia de racionalidade com a idéia do indivíduo capaz de maximizar os benefícios que ele usufrui do sistema político. O critério que Downs fornece à teoria democrática para abordar a racionalidade individual consiste na avaliação empírica dos meios empregados por um determinado indivíduo para alcançar um determinado fim. Quatro elementos seriam capazes de apontar o preenchimento ou não de tais requisitos:

1. capacidade de decisão do indivíduo quando confrontado com diversas alternativas.

2. capacidade do indivíduo de classificar e hierarquizar alternativas.

3. a escolha da alternativa mais bem-colocada dentro de um *ranking* hipotético.

4. a escolha da mesma alternativa sempre que o indivíduo se veja confrontado com a mesma opção (Downs, 1956).

Mais importante que indagar em que medida Schumpeter discordaria dos critérios apontados por Downs ou se a discordância entre ambos os autores se reduziria apenas à polêmica em torno da equalização da racionalidade com a maximização de benefícios por um determinado indivíduo, é perceber que Downs encontra um princípio de compatibilização entre o funcionamento da "democracia elitista" e a racionalidade individual. É a possibilidade de tal compatibilização que permite a Downs propor um modelo de funcionamento da democracia baseado em dois supostos: um primeiro princípio cujo objetivo seria compatibilizar a racionalidade individual com o *modus operandi* dos governos, supõe que o objetivo dos governos é a reeleição e que, portanto, todo governo tem como objetivo maximizar o seu apoio eleitoral. Um segundo princípio cujo objetivo é associar a idéia de racionalidade individual com o realismo supõe que a democracia existe nos locais nos quais ela é praticada. Os dois princípios permitiriam à teoria downsiana alcançar o ponto de chegada almejado mas não atingido pela teoria schumpeteriana: o da compatibilização de uma teoria realista da democracia com um *modus operandi* de revezamento das elites no poder. O problema lógico enfrentado por Weber e Schumpeter teria, desse modo, sido resolvido por Downs através da compatibilização de uma idéia realista de racionalidade com uma forma realista de organização da democracia.

A operação feita por Downs com o objetivo de compatibilizar o realismo, o elitismo e a idéia de racionalidade individual envolve, no entanto, um preço: a economização da política com a conseqüente redução da lógica democrática à lógica competitiva e adversarial da economia (Mansbridge, 1990). Através da introdução do axioma do auto-interesse cujo pressuposto é que cada indivíduo dá preferência à sua própria felicidade quando essa entra em conflito com a felicidade dos demais indivíduos (Downs, 1956: 27), Downs elabora um conceito de democracia no qual os interesses dos indivíduos e dos grupos políticos estão permanentemente em conflito. Na verdade, o conflito passa a constituir a noção estruturante do sistema político na medida em que Downs inverte os termos da relação entre interesse, solidariedade e conflito. Para ele, os partidos políticos não têm como objetivo formular programas de governo mas ganhar eleições. Os governos tampouco visam a realização de qualquer tipo de bem comum. Pelo contrário, o objetivo dos governos é se manter no poder (Downs, 1956: 28-31). É da forma adversarial de funcionamento do sistema democrático que Downs deduz, portanto, a conexão entre a racionalidade individual e a racionalidade global do sistema democrático. O indivíduo racional é aquele que tenta maximizar os benefícios que o governo pode lhe oferecer. O sistema democrático é racional porque os partidos e governos pretendem se manter no poder e, para tanto, maximizam os benefícios que eles são capazes de oferecer aos indivíduos. Desse modo, eles incorporam a lógica de maximização de benefícios vigentes no nível individual. Downs constitui, portanto, o primeiro autor desde Weber que consegue propor um modelo racional de funcionamento do sistema democrático capaz de compatibilizar a racionalidade dos atores individuais com a racionalidade do próprio sistema democrático. A resposta dada por Downs ao problema da racionalidade individual uma vez conectada ao funcionamento da democracia proposto por Schumpeter torna o "elitismo democrático" uma concepção coerente de democracia. Seus principais elementos são: o realismo, a proposição das elites enquanto portadoras da racionalidade, a identificação da racionalidade com a maximização dos benefícios públicos e a defesa da desejabilidade de um baixo grau de participação política. Tais elementos quando confrontados com a promessa original da democracia indicam um longo processo de estreitamento da prática democrática. No entanto, tal como os principais teóricos do elitismo irão argumentar, as promessas originais da democracia não eram possíveis de serem cumpridas (Bobbio, 1974).

É possível apontar dois elementos altamente problemáticos na proposta de democracia feita pelo elitismo democrático:

1. O apontamento das elites enquanto portadoras da racionalidade. Esse argumento introduzido por Schumpeter enquanto resposta à irracionalidade do eleitorado ou do homem comum (Schumpeter, 1944: 270) acaba levando ao equívoco inverso: à não-percepção dos limites da racionalidade das elites. Nenhuma das versões do elitismo democrático abordadas acima consegue dar uma solução satisfatória ao fato das elites possuírem interesses próprios e serem capazes de estabelecer uma agenda política intra-elites, agenda essa não necessariamente compatível ou repre-

112

sentativa dos interesses da população (Lukes, 1974; Mills, 1956). Ou seja, sem negar que existam critérios capazes de justificar a necessidade de um tipo administrativo de racionalidade, não poderíamos, por outro lado, negar que a democracia necessita de critérios para uma compatibilização entre essa esfera administrativa e uma outra instância na qual se daria uma discussão política capaz de determinar as orientações do governo e capaz de limitar o exercício da autoridade. O "elitismo democrático" ao limitar a democracia ao método de constituição do governo ignora tal dimensão resolvendo, de forma insatisfatória, o problema da geração de racionalidade na política moderna ao não problematizar o processo de discussão que leva a constituição do governo.

2. A redução da racionalidade individual à maximização da utilidade e de benefícios materiais. Se, por um lado, Downs inequivocamente oferece uma contribuição à teoria democrática na medida em que ele reintroduz a dimensão do indivíduo racional, por outro, a forma como ele identifica racionalidade e maximização da utilidade, é altamente problemática. Ela é problemática porque deixa de lado a questão dos bens simbólicos cada vez mais relevantes na política contemporânea e porque ela parece ser altamente irrealista em relação ao seu entendimento da ação humana[6]. A forma como Downs supõe a racionalidade individual solapa qualquer relação entre racionalidade individual e os conceitos e valores mais gerais envolvidos na prática democrática. O resultado é a impossibilidade de se associar a democracia, na sua versão dowsiana, a um processo de racionalização societária. Ambas as críticas apontam na

6. Um número muito grande de autores tem questionado a possibilidade de reconstrução da ação individual a partir do paradigma do autointeresse. Etzioni (1988) e Mansbridge (1990) parecem constituir as principais referências a esse respeito: Etzioni se refere a importantes trabalhos na área de movimentos sociais que questionam a idéia do auto-interesse como o único motivo que explicaria a ação individual e coletiva. Mansbridge ressalta um conjunto de trabalhos empíricos que mostrariam que o auto-interesse não explicaria momentos e dimensões importantes do sistema político americano.

113

mesma direção ao ressaltarem o fato do "elitismo democrático" reduzir a democracia a uma forma de organização do governo na qual a sociedade não desempenha qualquer papel. Se, em Schumpeter, a sociedade e suas formas de discussão simplesmente desaparecem, em Downs a sociedade é a articulação descentralizada da demanda de indivíduos maximizadores de utilidade. As formas de opinião e de discussão pública características da própria organização da sociedade desaparecem na medida em que o elitismo vincula a sua teoria da racionalidade a uma diminuição da participação política. No entanto, ambas as operações parecem amplamente desnecessárias, tal como demonstraremos nas seções seguintes deste trabalho ao discutir as obras de Dahl e de Habermas. O primeiro destes autores demonstra que para ser realista não é necessário ser antinormativo. O segundo defende a possibilidade de entender a democracia enquanto um método formal e, ainda assim, perceber o conteúdo ético da forma democrática. Nas duas próximas seções deste trabalho pretendemos traçar o caminho que vai de Dahl a Habermas mostrando a necessidade sentida pelos dois autores de, mantendo algumas das preocupações da teoria democrática do começo do século, dar uma solução ao problema democrático capaz de integrar no seu interior as dimensões normativa e participativa que Tocqueville e Ling Ch'ao já percebiam como o grande apelo da democracia.

III. *Robert Dahl ou o Retorno da Normatividade à Teoria Democrática*

Robert Dahl ocupa um lugar intermediário entre o "elitismo democrático" e uma concepção normativa e participativa da democracia. Esse constitui, provavelmente, o motivo pelo qual ele é visto com simpatia por ambas as vertentes da teoria democrática[7]. No entanto, a despeito da

---

7. Entre os teóricos do elitismo democrático, Sartori parece ser um dos que tentam incorporar alguns elementos da teoria dahlsiana. No entanto, Sartori termina incorporando apenas aquilo que em Dahl faz sen-

114

simpatia que os teóricos do "elitismo democrático" possam manifestar pela obra dahlsiana parece mais do que claro que existem dois importantes elementos presentes nas primeiras formulações da obra dahlsiana que representam um claro rompimento com o elitismo. O primeiro desses elementos é a tentativa de Dahl de superar a oposição insatisfatória entre idealismo e realismo. Já no *Prefácio à Teoria Democrática*, Dahl introduz um elemento adicional na teoria democrática: o princípio da maximização (Dahl, 1956). Para ele, se o objetivo de estabelecer uma poliarquia democrática for, de fato, levado a sério, é preciso pensar em como ampliar a vigência de certos elementos das poliarquias. Não se trata simplesmente de analisar como a democracia ou a poliarquia é ou funciona, mas trata-se de perceber que uma avaliação ou correção de rota na forma como certas características da poliarquia se manifestam na realidade das sociedades contemporâneas é fundamental para se avaliar o grau de igualdade e de liberdade efetivamente existente em tais sociedades. Desse modo, o princípio da maximização passa ao largo da oposição idealismo/realismo. O segundo elemento importante do rompimento entre Dahl e o elitismo também presente no *Prefácio à Teoria Democrática* constitui o fato de, se a poliarquia constitui uma forma de organização do sistema de governo, tal forma pode, segundo Dahl, ser mais ou menos legítima dependendo do processo de discussão anterior à própria eleição. As condições 4 e 5 para a existência da poliarquia abordam a possibilidade dos indivíduos apresentarem alternativas políticas e se informarem a respeito de tais alternativas (Dahl, 1956: 70). Elas recolocam, no interior da teoria democrática, o problema da participação para a avaliação da qualidade da poliarquia existente. Desse modo, é possível perceber que já no *Prefácio à Teoria Democrática* encontramos em Dahl dois elementos centrais para a crítica ao elitismo demo-

---

tido para o elitismo: os critérios empíricos para a aferição da existência de elites (Sartori, 1994: pp. 202-203). Não existe na obra de Sartori uma incorporação ou ao menos um diálogo sobre o significado do princípio da maximização para a teoria democrática.

crático: o rompimento da oposição idealismo/realismo e a preocupação com a qualidade da prática democrática. Tais elementos serão complementados na *Democracia e seus Críticos* por uma defesa normativa da racionalidade individual e pela introdução de um critério societário de avaliação da democracia.

Em *A Democracia e seus Críticos*, Dahl continua definindo a democracia a partir de uma relação entre descrição e maximização, tal como no *Prefácio à Teoria Democrática* (Dahl, 1989: 6). No entanto, podemos perceber também a tentativa de definir a democracia como algo mais do que um sistema de governo. Para Dahl, a democracia constitui "um processo de tomada de decisões coletivas" (Dahl, 1989: 5). Tal processo pode ocorrer tanto no interior das associações civis quanto no interior do Estado ainda que, tal como no *Prefácio*, Dahl reserve o termo democracia a uma forma de organização política ideal com a qual as sociedades modernas não podem ser comparadas (Dahl, 1989: 90). A idealidade da forma democracia não impede, no entanto, a sua avaliação normativa uma vez que Dahl inverte os termos da avaliação da democracia pelo elitismo: para o autor da *Democracia e seus Críticos* não é o idealismo da democracia que deve ser criticado e sim o fato das democracias reais não conseguirem alcançar o ideal democrático (Dahl, 1989: 91). Desse modo, uma teoria capaz de conciliar o empírico e o normativo teria como tarefa restaurar o ideal de autonomia moral e a justificativa normativa da democracia tentando demonstrar a importância desses ideais na prática democrática. Dahl demonstra tal possibilidade em duas etapas distintas, uma primeira na qual ele discute os fundamentos morais da democracia e uma segunda na qual ele discute a realidade empírica dos países que se tornaram poliarquias democráticas. Permitam-me desenvolver cada uma dessas vertentes do pensamento dahlsiano.

Ao discutir as formas possíveis de justificação da democracia, Dahl parte do suposto que a democracia, sempre que comparada com os outros sistemas de governo, tende a ser o melhor modo de organização do Estado (Dahl, 1989: 84). Se, por um lado, a comparação entre a democracia e os sistemas não-democráticos nos fornece um critério empírico capaz de colocar a democracia em posição de destaque, para Dahl tal método não é suficiente para justificar aos olhos dos próprios atores políticos a desejabilidade da democracia. Esse constitui o motivo da reintrodução pelo autor da *Democracia e seus Críticos* do princípio da autonomia moral no interior da teoria democrática. Dahl sustenta que

[...] viver sob a legislação da nossa própria escolha [...] facilita o desenvolvimento pessoal dos cidadãos como seres morais e sociais capacitando-os a defender e ampliar os seus direitos, interesses e preocupações mais fundamentais. (Dahl, 1989: 91.)

Desse modo, Dahl sustenta não apenas que a participação democrática é afim ao desenvolvimento moral, recolocando na teoria democrática um elemento ausente desde Schumpeter, como deduz desse princípio uma crítica ao elitismo. Para ele, o princípio da autonomia moral traz, enquanto decorrência, a constatação de que "todos os indivíduos são suficientemente qualificados para participar das decisões coletivas de uma associação que afete significativamente os seus interesses" (Dahl, 1989: 98). O princípio da autonomia moral implica, portanto, o rompimento tanto com a visão schumpeteriana quanto com a versão dowsiana do "elitismo democrático" na medida em que recoloca um fundamento moral no cerne da teoria democrática ao mesmo tempo em que rompe com a noção restrita de racionalidade enquanto maximização de benefícios materiais.

O segundo elemento importante da teoria dahlsiana da democracia diz respeito às características empíricas das sociedades democráticas, isto é, àquelas características da organização social capazes de tornarem as poliarquias democráticas factíveis. Dahl, nesse momento, faz uma transição do nível normativo e moral para o nível empírico. O critério que ele adota para a caracterização dos elementos necessários para a existência de uma poliarquia democrática são derivados de uma constatação empírica dos elementos principais da organização social dos países que se encaixariam na definição de poliarquia. Todos esses países possuiriam as seguintes características: 1) altos níveis de renda; 2) expansão constante da renda; 3) altos índices de urbanização; 4) pequena população rural; 5) alta percentagem de indivíduos detentores do grau universitário; 6) economia orientada predominantemente para o mercado; 7) indicadores de bem-estar geral, tais como alta expectativa de vida e baixos índices de mortalidade infantil. Tais indicadores empíricos indicariam o tipo de sociedade capaz de favorecer o surgimento e a consolidação da poliarquia (Dahl, 1989: 251) definida, então, enquanto uma sociedade na qual o poder e a influência estão bem distribuídos. A forma como Dahl relaciona as características necessárias no nível da sociedade[8] para o desenvolvimento das poliarquias aponta na direção dos limites da sua teoria. Dois limites parecem claros na forma como Dahl tematiza a dimensão societária da democracia: o primeiro deles é que não fica claro que tipos de práticas seriam necessárias para se alcançar o tipo de sociedade empiricamente constatada enquanto favorecedora da democracia. O segundo problema é que a teoria dahlsiana, ao postular empiricamente os fundamentos societários da democracia, não consegue converter a sua teoria da democracia em uma teoria da democratização devido à ausência de uma concepção sobre as práticas capazes de tornar uma sociedade normativamente desejável. Ambos os problemas parecem apontar na direção de um terceiro limite que perpassa a teoria dahlsiana como um todo, qual seja, o da sua incapacidade de tematizar a dimensão coletiva ou intersubjetiva da democracia, limitando a reintrodução da normatividade na teoria democrática à idéia da auto-realização moral dos indivíduos[9]. Escapa ao autor da

8. Essa constitui uma observação feita por Habermas em *Entre Fatos e Normas*.

9. O conceito de cultura política está amplamente ausente da estrutura da análise dahlsiana em *A Democracia e seus Críticos*. Ele é mencionado em uma brevíssima seção na qual Dahl nos diz o seguinte: "[...] crenças, atitudes, e predisposições formam uma cultura política ou talvez diversas culturas políticas no interior das quais os indivíduos são socializados

Democracia e seus Críticos a dimensão normativa da democracia enquanto valor coletivo compartilhado por uma associação de indivíduos capazes de estabelecer formas comuns de ação. Pretendemos mostrar, na seção final deste artigo, que essa dimensão da democracia pode ser compatibilizada com as preocupações levantadas originalmente por Weber e Schumpeter.

IV. Democracia e Racionalidade Societária: Reflexões Conclusivas com Base na Obra de Habermas

A análise da trajetória da teoria democrática ao longo do século aponta na direção de dois problemas percebidos por Weber e Schumpeter, cuja solução permanece insatisfatória. Em primeiro lugar, o problema da expansão da burocracia e da contradição entre democracia e ampliação da dimensão estatal. Tal fenômeno, apontado por Weber enquanto limitador da autonomia individual, recebeu, por parte da teoria democrática, duas respostas, ambas inadequadas: uma primeira vertente de teóricos da democracia constatou a inviabilização das formas de participação direta provocadas pelo aumento da complexidade da administração estatal (Bobbio, 1974; Sartori, 1994). Uma segunda vertente de teóricos supôs que o aumento dos benefícios concedidos pelo Estado constituísse a única variável a ser levada em consideração pela teoria democrática (Downs, 1956), desconsiderando, assim, a relação entre a formulação de demandas e sua implementação. Ambas as respostas parecem inadequadas na medida em que elas deixam de perguntar o que seria

em vários níveis. Um país com uma cultura política fortemente favorável à poliarquia será capaz de superar crises que podem levar ao rompimento da poliarquia em um país com uma cultura política menos favorável". (Dahl, 1989: 262-263). Mais uma vez o que não fica claro é quais são as condições no nível da sociedade capazes de levar à constituição de uma cultura política favorável à poliarquia. A ausência de uma concepção normativa de sociedade impede que Dahl dê uma resposta a essa questão.

central para a teoria democrática, isto é, como compatibilizar os valores caracterizadores da democracia com uma forma de administração complexa do Estado? O segundo problema já percebido pelos teóricos da democracia do começo do século e cuja solução também parece amplamente inadequada envolve a relação entre democracia e racionalidade ou entre bem comum e racionalidade. Tal problema, levantado pela primeira vez por Schumpeter, merece uma reavaliação na medida em que a solução proposta pelo "elitismo democrático" foi a substituição gradual das arenas consensuais próprias à política moderna (Habermas, 1989), por uma forma descentralizada de resolução de conflitos (Downs, 1956; Przeworski, 1991). A tentativa de Dahl de reintroduzir a dimensão normativa no interior da teoria democrática constitui, sem dúvida, uma das mais importantes contribuições à teoria democrática do fim do século. No entanto, tal teoria permanece inadequada devido à estreita vinculação entre normatividade e individualidade na medida em que o que está por detrás da justificação normativa da democracia por Dahl são as condições que propiciam a auto-realização individual. Desse modo, a teoria democrática permanece sem responder de que modo as normas e atitudes coletivas próprias à democracia poderiam ser compatibilizadas com a idéia de racionalidade individual. Se ambas as questões permanecem irrespondidas, tanto pelo elitismo quanto pelo pluralismo, é, no entanto, necessário diferenciá-los, na medida em que o elitismo representa uma tentativa mal-sucedida de construção de uma teoria democrática capaz de prescindir de ambas as questões ao passo que o pluralismo representa uma tentativa de reintroduzir ambas as questões no interior da teoria democrática. A resposta do pluralismo é insatisfatória porque ele não é capaz de realizar duas operações fundamentais necessárias para a produção de uma resposta satisfatória aos problemas levantados por Weber e Schumpeter: ele não consegue separar administração de esfera pública para, então, postular a reintrodução das arenas participativas e discursivas na política. Ele não consegue estender o seu con-

120

ceito de normatividade do plano individual em direção à organização da sociedade.

A obra recente de Habermas tem como ponto de partida problemas semelhantes àqueles levantados por Weber e Schumpeter, a saber, o crescimento das arenas burocrático-administrativas no interior do Estado moderno e a impossibilidade e indesejabilidade de uma idéia substantiva de bem comum. Ambas as preocupações são relacionadas por Habermas com a problemática da racionalidade, mas recebem uma resposta fundamentalmente distinta da resposta dada por Weber e Schumpeter. Para Habermas, a existência de dois tipos de racionalidade, uma comunicativa e uma outra sistêmica[10], nos permitiria tratar adequadamente tanto o fenômeno da burocratização quanto o fenômeno da pluralização. Os dois fenômenos teriam, na percepção habermasiana, raízes distintas e se localizariam em esferas distintas da sociabilidade. A burocratização estaria associada à racionalidade sistêmica e seria dominante na esfera administrativa do Estado moderno, esfera essa estruturada em torno da lógica estratégico-competitiva e de uma forma impessoal de coordenação da ação. A expansão da influência de tal forma de ação, certamente, conduz a uma diminuição da autonomia dos indivíduos frente ao Estado moderno. No entanto, diferentemente do suposto por Weber, esse não constitui o único fenômeno com o qual a política moderna está associada. Habermas demonstra a existência de uma forma distinta de racionalidade capaz de nutrir e fortalecer as formas interativas de comunicação com as quais a democracia foi identificada pelos teóricos da política moderna. A racionalidade comunicativa não estruturaria a esfera do Estado e sim a esfera pública entendida enquanto uma arena discursiva na qual os valores democráticos se formam e se reproduzem. Desse modo, o diagnóstico habermasiano da democracia consegue dar uma resposta para o problema

---

10. Habermas, como já foi apontado no Capítulo 2, distingue entre dois tipos de racionalidade. Um primeiro tipo, de natureza cognitivo-instrumental e uma outra, de natureza intersubjetiva. (Vide Habermas, 1984; Cooke, 1994.)

da burocratização. Tal fenômeno se tornaria uma ameaça para a expansão da democracia na medida em que ele passasse a afetar as estruturas comunicativas da esfera pública. Enquanto a burocratização se limitar à esfera do Estado, ela não afeta irremediavelmente a democracia.

A forma como Habermas constrói o seu conceito de racionalidade comunicativa lhe permite também dar uma solução ao problema schumpeteriano, isto é, à impossibilidade de se sustentar uma concepção substantiva de bem comum. Mais uma vez, a solução habermasiana é de natureza diferente daquela oferecida pelo autor de *Capitalismo, Socialismo e Democracia*. Para Habermas, a impossibilidade de se sustentar uma noção unificada de bem comum tem como implicação a necessidade de transitar para o domínio das éticas formais ou discursivas. Tais éticas estariam baseadas na idéia de que a argumentação pública envolve um princípio de universalização que tem um conteúdo ético-formal (Habermas, 1990: 86-87). Desse modo, se o ponto de partida habermasiano é a impossibilidade da associação da racionalidade com uma noção substantiva de bem comum, o ponto de chegada é a constatação de um princípio de universalização presente nas próprias regras do discurso, princípio esse capaz de fundamentar a igualdade da prática democrática. Duas conseqüências importantes decorrem da solução habermasiana ao problema da relação entre racionalidade e ética. A primeira delas é que, na medida em que inexiste uma verdade objetiva no campo da política, essa passa a ter apenas um critério de validade possível: a qualidade do processo de argumentação e de discussão próprio à democracia (Habermas, 1995: Capítulo 8). Nesse sentido, Habermas introduz um critério de avaliação e de maximização da prática democrática, critério esse, vigente no nível da própria sociedade. Existe uma segunda conseqüência relacionada com a associação entre democracia e um processo prático de argumentação que é a impossibilidade de se justificar a democracia em termos individuais. A validade da democracia está inerentemente ligada ao processo de argumentação através do qual um indivíduo reconhece ao outro enquanto igual na utilização da linguagem. Conseqüentemente, a validade da democracia está ligada ao ato argumentativo do qual participam pelo menos dois indivíduos, um ato eminentemente coletivo. Ambas as características do processo de argumentação permitem a Habermas definir a democracia como o processo de institucionalização dos procedimentos e das condições de comunicação, processo esse capaz de procedimentalizar a soberania popular ao tornar o sistema político dependente das redes periféricas de comunicação presentes na esfera pública (Habermas, 1994).

A solução habermasiana aos problemas enfrentados pela teoria democrática desde o começo do século representa mais do que um mero exercício heurístico. Ela representa uma forma de compatibilização entre democracia, racionalidade e participação, forma essa ausente da teoria democrática desde as formulações de Weber e Schumpeter. Habermas nos oferece como solução ao problema da participação a existência de públicos não-institucionalizados capazes de se organizar no nível da sociedade e forçar a compatibilização entre esfera pública e sistema político. A compatibilização entre uma soberania popular procedimentalizada e os resultados de um debate discursivo no nível da esfera pública contribuiria para a racionalização do sistema político. Tal processo restauraria, de uma forma diferente da suposta pelos clássicos, a relação entre política e racionalidade. Ela nos permite entender o apelo normativo da democracia já percebido por Tocqueville e Ling Ch'ao e ignorado pelas teorias elitistas da democracia.

6. CULTURA POLÍTICA, ATORES SOCIAIS E DEMOCRATIZAÇÃO: UMA CRÍTICA ÀS TEORIAS DA TRANSIÇÃO PARA A DEMOCRACIA[1]

A democratização se tornou o grande fenômeno político dos anos 80 no Brasil, na América Latina e no Leste da Europa. Em todas essas regiões, a democratização consagrou as assim chamadas "teorias da transição para democracia" como a abordagem mais bem-sucedida acerca do problema. Como é sabido, tais teorias partem do suposto de que o autoritarismo constitui um processo temporalmente localizado de ruptura com a ordem democrática[2]. Esta se

---

1. Artigo publicado originalmente no n. 28 da *Revista Brasileira de Ciências Sociais*.

2. Tal concepção foi certamente influenciada pelo trabalho de Juan Linz acerca das rupturas democráticas. Segundo Linz, os regimes democráticos que entraram em colapso "[...] tiveram, em algum momento, uma chance razoável de se consolidarem e se tornarem completamente democráticos, mas [...] certas características e ações de atores relevantes

romperia em virtude da incapacidade de negociação entre atores políticos em uma determinada conjuntura. A partir desse ponto, certos atores adquiririam a capacidade de vetar resultados no interior do sistema político. Em contraste com o autoritarismo, a democratização consistiria na entabulação de um processo que reconstituiria as condições para a negociação e favoreceria a retirada dos atores autoritários da cena política. A partir desse momento, a democracia, entendida como a livre coordenação da ação no interior do sistema político, se reconstituiria. Esse constitui o percurso dos processos de transição dos anos 80 que não ocorreram através do colapso do regime autoritário[3].

Ao mesmo tempo em que as democratizações da América Latina e da Europa do Leste consagraram as teorias da transição para democracia como a mais bem-sucedida abordagem acerca do assunto, elas colocaram um paradoxo para tais teorias. Tal paradoxo poderia ser enunciado nos seguintes termos: como seria possível que o autoritarismo se constituísse apenas em um veto à livre coordenação da ação política e que, ao mesmo tempo, características de uma or-

– instituições e indivíduos – diminuiriam a probabilidade desse tipo de desenvolvimento". Para Linz, os desfechos que levaram ao autoritarismo foram sempre específicos e, portanto, independeram de qualquer característica estrutural que aumentasse a propensão ao autoritarismo em uma sociedade determinada. Vide Juan Linz, 1978, *The Breakdown of Democratic Regimes*, p. 10.

3. Mesmo nos casos da Europa do Leste que mais se aproximariam de um processo de ruptura política, como por exemplo o da ex-Alemanha Oriental, é possível demonstrar a centralidade do processo de negociação constituído através das assim chamadas "mesas redondas" que definiram as condições de retirada do partido comunista da cena política, bem como os elementos de continuidade entre a ordem autoritária e a ordem democrática. Sobre as mesas redondas, vide Ulrich Preuss, 1993, "Constitutional Power Making for the New Policy", *Cardozo Law Review*. Já nos casos da transição por colapso o mais comum é que exista uma causa externa, tal como uma guerra, cujo desfecho precipita a reordenação do sistema político. A democratização argentina se encaixaria nesse caso. Para os diferentes tipos de transição, vide Alfred Stepan, 1986, "Paths Toward Democratization: Theoretical and Comparative Considerations", in *Transitions from Authoritarian Rule*. Editado por G. O'Donnell e P. Schmitter.

dem política autoritária permanecessem no sistema político mesmo após a retirada desse veto[4]. Com efeito, as análises do funcionamento da democracia brasileira desde 1985 apontam, entre outras, as seguintes características: a persistência de um comportamento não-democrático das elites políticas que continuam seguindo estratégias patrimonialistas ou corporativistas (Camargo, 1989), (Mainwaring, 1991); a dissociação entre as práticas políticas democráticas no nível da institucionalidade política e a persistência de práticas não-democráticas no nível micro (Pinheiro, 1991); e a não-aceitação da cidadania civil e social que se traduziria na rejeição ou desconhecimento dos avanços constitucionais nesse campo, assim como, na impossibilidade de um pacto social. Todos esses problemas que conhecemos, bem no caso brasileiro, e que aparecem com variações menores no caso da América Latina e maiores nos casos da Europa do Leste[5], nos levam a supor a existência de uma cultura política

4. Os autores da teoria da transição, especialmente Guillermo O'Donnell, passaram a se preocupar com esse problema nos anos 90. Em um artigo recentemente publicado, ele reconhece que " [...] a maioria dos regimes recém-democratizados não está mudando para um regime democrático institucionalizado, nem é provável que venha a fazê-lo no futuro previsível. Eles são poliarquias mas de um tipo diferente". Ao mesmo tempo, O'Donnell insiste que "[...] as tipologias [...] baseadas em características do regime autoritário precedente e/ou nas modalidades da primeira transição têm pouco poder predicativo [...] depois da instalação dos primeiros governos eleitos democraticamente". Por um lado, concordamos com O'Donnell quando ele sustenta que os regimes recém-democratizados constituem um tipo diferente de poliarquia e enquanto tal devem ser estudados. Por outro lado, não nos parece plausível a desvinculação entre os tipos de regimes autoritários e os tipos de regimes democráticos ou semidemocráticos que surgem depois das transições. Voltaremos a essa questão nas reflexões conclusivas deste capítulo.Vide Guillermo O'Donnell, 1991, "Sobre o Estado, a Democratização e Alguns Problemas Conceituais", *Estudos Cebrap* n. 36.

5. No caso dos países da Europa do Leste, as contradições da ordem democrática se manifestam através da reemergência do nacionalismo que constitui, igualmente, uma estratégia não-democrática de resolução de conflitos no nível societário. O nacionalismo, tal como o patrimonialismo, reconstitui práticas não-democráticas no nível micro e facilita a reemergência de uma cultura política não-democrática. Sobre o ressurgimento do

que se mantém ao longo do autoritarismo sugerindo um entendimento da democratização como um processo mais longo de transformação da cultura política e das relações Estado-sociedade.

Este capítulo pretende criticar dois pressupostos das teorias da transição para a democracia: em primeiro lugar, a noção de que a ausência de constrangimento (veto) sobre o sistema político possa ser entendida como democratização. A essa idéia, nós iremos opor uma outra baseada na concepção de cultura política, tal como defendida por Charles Taylor (Taylor, 1985). De acordo com tal concepção, a democracia deve ser entendida como a interligação da livre operação do sistema político com o sistema de normas, valores, crenças e tradições culturais que predominam no interior desse mesmo sistema político. Esse constituiria o primeiro limite das chamadas teorias da transição para a democracia: sua incapacidade de entender a internalização ou não pelos atores políticos de uma normatividade democrática devido à insuficiente problematização sobre o papel a ser jogado pelos atores políticos não-democráticos após a completude do processo de transição. A ocupação de posições-chaves em um sistema político democrático por atores políticos de convicções não-democráticas ou semidemocráticas[6] implica constrangimentos para o exercício da democracia.

---

nacionalismo na Europa do Leste, vide Jürgen Habermas, 1992, "Nationalism", in *Praxis International*. Este capítulo se concentrará exclusivamente na análise do caso brasileiro, com algumas pequenas extrapolações para a América Latina.

6. Viola e Mainwaring definiram atores políticos semidemocráticos como aqueles atores que têm "[...] uma atitude instrumental em relação à democracia. Eles não rejeitam a democracia [...] nem tampouco eles a defendem tal como os democratas radicais e 'liberais'. Dependendo da circunstância eles podem ser a favor da democracia representativa, da democracia restrita ou do autoritarismo". Scott Mainwaring e Eduardo Viola, 1984, "New Social Movements, Political Culture and Democracy: Brazil and Argentina in the 80's", in *Telos* 61 (Fall): 1984. É possível perceber que esse tem sido o comportamento dominante das elites brasileiras em relação à democracia. Na quarta seção deste capítulo, nós exploramos as conseqüências para o sistema político da predominância de tais atores.

O segundo pressuposto das teorias da transição para a democracia que será criticado neste capítulo é a suposição de que a democracia constitui um fenômeno relacionado exclusivamente à operação das instituições e do sistema político. Tal suposição enfatiza a operação das instituições políticas e a negociação entre atores políticos relegando a um segundo plano as relações Estado-sociedade civil (O'Donnell e Schmitter, 1986), assim como o impacto provocado pela modernização administrativa sobre a própria sociedade civil. A modernização, pela qual passaram a maioria dos países nos quais o autoritarismo prevaleceu até os anos 80, implicou a introdução de práticas e técnicas autoritárias no nível do Estado sem um concomitante desenvolvimento dos mecanismos de controle da sociedade sobre as instâncias estatais nas quais tais práticas se consolidaram. Apoiando-me no suposto habermasiano da existência de uma contradição entre as formas instrumentais e administrativas de organização do Estado e a dimensão da interação social no nível do cotidiano, criticaremos as teorias da transição para a democracia pela ausência de um esforço teórico capaz de mostrar o impacto das práticas autoritárias na relação entre Estado e sociedade civil[7].

A partir dessas duas críticas, será proposta, na seção final deste capítulo, uma forma diferente de entender a democratização. Apoiando-me na distinção habermasiana

---

7. As teorias da transição não tratam o surgimento da sociedade civil enquanto um processo de renovação social e de mudança na relação entre Estado e sociedade. O'Donnell e Schmitter (1986) abordam o ressurgimento da sociedade civil como uma ressurreição do "popular", isto é, de uma forma indiferenciada de mobilização que existiu nos países latino-americanos durante o período populista. Segundo O'Donnell e Schmitter a sociedade civil se mobiliza indiferenciadamente e, rapidamente, esgota o seu papel no processo de redemocratização (O'Donnell, 1986, IV: 48-49). Stepan (1988), apesar de ter uma compreensão bem mais ampla da sociedade civil, também entende o seu surgimento durante o processo de redemocratização como fundamentalmente efêmero. Alfred Stepan, 1988, *Rethinking Military Politics*. Para uma crítica da concepção das teorias da transição sobre sociedade civil, vide Leonardo Avritzer, 1994, "Modelos de Sociedade Civil", in *Sociedade Civil e Democratização*. Editado por L. Avritzer.

entre os domínios da ação integrados socialmente e aqueles integrados sistemicamente (Habermas, 1984; Lockwood, 1964), este ensaio sustentará a posição de que a democratização deve ser ligada às práticas dos atores sociais e sua luta contra a predominância de formas sistêmicas de ação no interior dos domínios societários. De acordo com essa teoria, a democratização constitui o resultado de um *trade-off* que permite aos atores sociais compensarem a perda do controle sobre a sua vida cotidiana através de mecanismos de limitação da operação do Estado e do mercado. A compreensão do processo de democratização a partir dessa ótica nos permitirá entendê-lo como uma disputa entre atores políticos democráticos e atores políticos tradicionais acerca da cultura política que irá prevalecer no interior de uma sociedade com instituições democráticas[8].

Este capítulo se dividirá em cinco partes: na primeira parte, os principais pressupostos das teorias da transição para a democracia serão expostos e seus limites serão apontados, especialmente, no que diz respeito à sua concepção da ação política e da democracia. Na segunda e terceira partes, desenvolveremos sistematicamente duas críticas às teorias da transição para a democracia: uma primeira crítica introduzirá a noção de cultura política e uma segunda a da relação entre modernização sistêmica e democratização. O objetivo das duas críticas será apontar uma situação não abordada pelas teorias da transição: o surgimento de um

---

8. A transição brasileira pode ser vista como um conflito entre atores modernos e democráticos e atores tradicionais. O processo de desenvolvimento industrial durante o período autoritário que levou à constituição de uma nova classe trabalhadora e uma nova classe média implicou uma intensa renovação dos atores políticos e sociais. Todavia, essa renovação de atores políticos teve um impacto reduzido dentro do sistema político onde observamos uma continuidade de práticas e de valores tradicionais. Para uma análise da transição brasileira sob essa ótica, vide Leonardo Avritzer, 1993. *Modernity and Democracy in Brazil: an Interpretation of the Brazilian Path of Modernization*, Ph.D. Dissertation, New School for Social Research. Leonardo Avritzer, 1995. "Transition to Democracy and Political Culture: an analysis of the conflict between civil and political society in post-authoritarian Brazil", in *Constellations*, v. 2, n. 2.

130

conflito entre continuidade e renovação no nível das práticas dos atores políticos e sociais. Na quarta parte, articularemos as preocupações da segunda e da terceira seções em uma teoria da democratização baseada em uma interpretação da obra recente de Jürgen Habermas. Na seção final deste capítulo, tentaremos articular a abordagem das transições, com sua ênfase na negociação entre atores políticos com a dimensão da renovação social e do conflito que ela produz entre as dimensões administrativa e societária.

Teorias da Transição para a Democracia

As teorias da transição para a democracia constituem, ao mesmo tempo, uma tentativa de universalizar o conceito de democracia e de particularizar os episódios que conduzem ao autoritarismo. Para elas, mesmo quando o autoritarismo está em vigor, as condições que tornam a democracia possível persistem. O problema da democracia se reduz, mesmo nessas condições, em recriar um ambiente favorável a uma negociação que permita a retirada dos atores autoritários da cena política. Desse modo, o primeiro pressuposto das teorias da transição é que a democracia não é uma situação e sim um processo que pode ser temporalmente longo (Rustow, 1970). Atores políticos autoritários não abandonam suas restrições ao livre funcionamento das instituições políticas rapidamente. Tampouco eles são, via de regra, derrotados depois de uma mobilização política curta. Pelo contrário, a democracia é, em geral, alcançada através de um processo longo de negociação no qual garantias institucionais recíprocas entre governo e oposição são criadas. É precisamente o intervalo de tempo entre o enfraquecimento de um regime autoritário e a restauração da democracia que se tornou conhecido como transição:

> A transição consiste no intervalo entre um regime político e outro [...] As transições são geralmente delimitadas, por um lado, pelo lançamento de um processo de dissolução de um regime autoritário e, pelo outro, pela instauração de alguma forma de democracia, o retorno a

131

alguma forma de regime autoritário ou a emergência de uma opção revolucionária. (O'Donnell, 1986: 6.)

As teorias da transição têm a necessidade de definir a democracia, uma vez que, se não soubéssemos no que a democracia consiste, jamais identificaríamos o final de um processo de transição. A concepção de democracia que se tornou hegemônica entre os teóricos da transição baseia-se na idéia de incerteza derivada da teoria dos jogos. Mesmo admitindo que a democracia deve implicar a extensão da cidadania, a inclusão política e a extensão da agenda social (O'Donnell, 1986: IV), todos os teóricos da transição se perguntam sobre o que bloquearia o acesso a esses direitos e como eles poderiam ser alcançados. Uma resposta principal nos é oferecida: a idéia de poder de veto.

O conceito de poder de veto tem sua origem na noção de ação estratégica e na idéia de que a coordenação desse tipo de ação tem de necessariamente estar livre de constrangimento. Apoiando-se, fortemente, na idéia de que a sociedade consiste em uma coordenação aleatória de ações individuais, as teorias da transição sustentam que toda ação estaria, em princípio, livre de constrangimento. Associando a ação livre com a impossibilidade de se prever desfechos, a teoria da transição define a democracia enquanto

[...] um sistema de processamento de conflitos no qual os resultados dependem daquilo que os participantes fazem mas nenhuma força consegue, solitariamente, controlar resultados. O desfecho de conflitos particulares não é conhecido *ex-ante* pelas forças políticas em competição porque as conseqüências das ações dependem das ações de outros e essas não podem ser antecipadas. Desse modo, do ponto de vista de cada participante, desfechos parecem incertos. (Przeworski, 1991: 12.)

Não é difícil perceber o que explicaria a democratização: a possibilidade de que atores capazes de vetar resultados políticos deixem de fazê-lo. As teorias da transição operam a partir dos mesmos pressupostos das filosofias morais do século XVIII de acordo com as quais a razão e a liberdade reassumem o seu curso normal se ninguém se dedica a bloqueá-las:

132

O momento crucial de uma passagem do autoritarismo para a democratização não é a retirada do exército para os quartéis ou a abertura do parlamento, mas a transposição do limiar a partir do qual desfechos do processo político não mais podem ser revistos [...] O poder é devolvido de um grupo de pessoas para um conjunto de regras. (Przeworski, 1991: 63.)

Surpreende, na concepção de Przeworski, o fato do autor limitar a sua abordagem às regras estratégicas sobre competição eleitoral. Ao sustentar que as regras podem ser deduzidas da própria noção da sociedade, como uma combinação aleatória da ação humana, ele não considera necessário abordar sua dimensão normativa e consensual. Para Przeworski, "[...] uma teoria da democracia baseada no respeito ao auto-interesse estratégico é plausível e suficiente" (Przeworski, 1991: 24). O sistema político, de acordo com essa concepção, não consiste em nada mais do que em um sistema de coordenação de interesses diversos que dispensariam o estabelecimento de um consenso normativo. É, precisamente, o rompimento com a automaticidade desse sistema de coordenação da ação que as teorias da transição chamam de autoritarismo, enquanto sua restauração é denominada democratização.

É possível perceber os elementos principais da concepção de democracia defendida pelas teorias da transição. Trata-se de uma concepção não-normativa da democracia de acordo com a qual os mecanismos de autorização e legitimação do poder poderiam se constituir simplesmente em virtude da retirada do poder de veto sobre as instituições políticas. As instituições políticas, por sua vez, também readquiriram automaticamente a capacidade de processar conflitos, capacidade essa que seria inerente à sua própria existência. O que está por detrás dessa concepção é a idéia de que o sistema de coordenação da ação política pode prescindir da normatividade democrática. Como nos diz o autor, "[...] não é que comprometimentos normativos em relação à democracia sejam infreqüentes ou irrelevantes. Trata-se apenas [de entender] que eles não são necessários para se compreender como a democracia funciona" (Przeworski, 1991: 24).

133

Três elementos constitutivos das teorias da transição nos parecem altamente problemáticos: em primeiro lugar, a idéia de que a democratização deve, necessariamente, consistir na conexão entre o autoritarismo e a democracia. Se supomos que a base da política democrática não constitui a coordenação automática da ação política e sim a incorporação de um sistema democrático de valores à ação no interior do sistema político, podemos, imediatamente, perceber que a transição do autoritarismo para a democracia pode consistir em um processo mais longo do que o suposto pelos teóricos da transição. Um processo durante o qual instituições democráticas convivam com uma cultura não-democrática ou mesmo com duas diferentes culturas políticas, uma democrática e outra não. A democratização, nesse caso, constituiria a consolidação de uma prática política democrática no nível da sociedade civil e do sistema político, um processo que pode ser bastante longo. Em segundo lugar, nos parece difícil de aceitar a desvinculação entre o autoritarismo e os problemas de constituição de um Estado moderno. Não parece mera coincidência a relação entre a introdução das formas modernas de racionalidade na política e o surgimento das formas contemporâneas de autoritarismo. Reconhecer tal fato implica aceitar que as sociedades em modernização passam por um processo de incorporação de técnicas administrativas e de mudanças sociais cujo impacto na construção da democracia não pode ser desconsiderado. Afinal, a própria democracia constitui, da forma como a conhecemos, uma prática de resolução de conflitos e interesses divergentes surgida no interior da modernidade. Seria, portanto, incorreto considerar o problema da coordenação da ação fora desse marco histórico analítico. Em terceiro lugar, as relações entre Estado e sociedade não devem ser concebidas apenas enquanto continuidade. Concebê-las desse modo implicaria prescindir da capacidade de explicar formas coletivas e solidarísticas de ação social (Offe and Wiesenthal, 1979; Wolfe, 1989) e seu impacto sobre a renovação do sistema político. As teorias da transição supõem uma continuidade nessas relações deixando de analisar o papel de movimentos sociais democratizantes na limitação de formas estratégicas de ação no interior do sistema social. O resultado de tal incapacidade consiste no enfraquecimento da democracia enquanto forma de solidariedade social e de controle sobre o Estado entendido enquanto aparato sistêmico. Baseado nas três críticas propostas acima, será proposta, na próxima seção deste capítulo, uma visão da democracia baseada em três preocupações: na idéia de cultura política, na distinção entre democracia e práticas administrativas do Estado e na distinção entre sociedade e Estado a partir das formas de coordenação da ação. Na quarta seção deste capítulo, tentaremos integrar estes três elementos em uma concepção da democracia construída a partir da obra recente de Jürgen Habermas.

Democratização e Cultura Política

As teorias da transição para a democracia trabalham com um conceito de democracia como a ausência de autoritarismo. Tal conceito baseia-se na idéia que a presença ou a ausência de certos elementos em uma determinada ordem política pode ser empiricamente constatada e, conseqüentemente, servir de fundamento para a determinação do tipo de regime prevalecente. Eleições livres, a garantia de direitos civis pela constituição aparecem como as variáveis a serem medidas. O problema envolvido em tal concepção é um problema metodológico na medida em que as teorias da transição deixam de problematizar a forma como os diferentes atores políticos incorporam a institucionalidade vigente[9]. Nesse sentido, tão importante quanto a realização de eleições ou a existência de uma boa declaração de direitos na constituição é analisar a atitude dos sujeitos sociais

9. As teorias da transição entendem que a constatação de regularidades empíricas em uma certa realidade social é suficiente para caracterizá-la. Isso significa, tal como argumenta Apel (1984), a substituição da internalização das normas pelos atores sociais pela constatação de regularidades. Deixa-se, portanto, de perceber que a vigência de normas e o seu entendimento podem estar em contradição.

135

em relação a esses atributos. Segundo Charles Taylor, para quem os estudos políticos deveriam estar orientados não para a observação de regularidades e sim para "[...] o estudo do sentido comum e intersubjetivo incorporado nesta realidade social" (Taylor, 1985: 52), tratar-se-ia de perceber que existe um hiato entre a existência formal de instituições e a incorporação da democracia às práticas cotidianas dos agentes políticos. No caso de um país como o Brasil, seria pelo menos tão importante quanto a análise sobre a vigência de direitos entender por que a ação cotidiana de atores políticos relevantes, tais como governantes, membros do sistema judiciário e da própria polícia não se orientam pela normatividade existente. Trata-se de compreender que existe uma cultura política não-democrática que se entrelaça com a institucionalidade democrática. As práticas dominantes, nesse caso, não são puramente democráticas e nem puramente autoritárias. Podemos, portanto, supor a existência de duas culturas políticas[10] e apontar a disputa entre elas no interior do sistema político, na medida em que certos atores defendem a operação de instituições como o governo, o judiciário e a polícia à margem da institucionalidade democrática.

Nossas observações anteriores sobre cultura política podem constituir o fundamento de uma crítica à teoria das transições. As teorias da transição, em virtude da sua concepção individualista da ação, entendem a democracia como um mecanismo de coordenação de ações políticas conflituosas. O que a teoria da transição não percebe é o sistema de normas e regras da ação política que guia atores em diferentes situações. Parece claro que, no caso dos países

10. Klaus Eder é o autor que melhor aborda a possibilidade de coexistência de duas culturas políticas. Para ele, "[...] a cultura política é [...] o efeito de lutas sociais contínuas no nível do sistema político". A cultura política é, então, "[...] definida pelo fato de que existem diversas formas de lidar com o político". Tais formas conduzem à convivência entre diferentes culturas políticas que disputam a articulação do sistema político. Vide Klaus Eder, "Culture and Politics", in Axel Honeth *et al. Cultural Political Interventions in the Unfinished Project of Enlightenment.*

recentemente democratizados, a idéia de negociação não assume a mesma relevância que em países com uma longa e ininterrupta tradição democrática[11]. Nesse sentido, a democratização não pode constituir-se na simples restauração da ação política sem coerção. Ela deve envolver o aprendizado da negociação, aprendizado esse que pode inclusive ser rejeitado por atores que, por jamais terem praticado a negociação, não teriam por que acreditar nela. A democratização consiste, portanto, na combinação entre a livre operação do sistema político e a compreensão do significado atribuído pelos atores políticos à democracia. Esse significado implicará diferentes concepções acerca da publicidade, da tolerância, da importância de estratégias de negociação e da importância da normatividade democrática.

A crítica das teorias da transição nos permite lançar os fundamentos de uma análise diferente da democratização. O primeiro elemento de tal análise é a constatação de que a democratização não se dá em um vácuo. Ela ocorre em países que possuem uma cultura política que levou à ruptura com a democracia. A introdução de práticas democráticas conduz, na melhor das hipóteses, à disputa entre duas diferentes culturas políticas. A análise da democracia deve levar em conta a cultura política anterior ao estabelecimento da democracia, bem como os locais do aparelho de Estado e do sistema político que favorecem a continuidade de

11. É interessante perceber como tradições culturais não-democráticas, tais como o clientelismo na América Latina e o nacionalismo na Europa do Leste, reemergiram em diversos países no mesmo momento em que eles foram democratizados. Tal fato apontaria na direção de uma continuidade de práticas políticas anteriores à instauração do autoritarismo no momento da volta à democracia, corroborando a idéia de que o autoritarismo não é simplesmente uma ruptura no processo de democratização política. Sua instauração esteve também relacionada às práticas e convicções dominantes entre as elites políticas. Sobre o clientelismo na América Latina, vide Paul Cammack, 1982, "Clientelism and Military Government in Brazil", in *Private Patronage and Public Power*. Editado por C. Clapham; Paul Cammack, 1991, "Brazil: the long march to the New Republic", in *New Left Review* (190): pp. 21-58. Sobre o nacionalismo na Europa do Leste, vide Andrew Arato e Seyla Benhabib, 1994, "The Yuguslav Tragedy", in *Praxis International*.

práticas não-democráticas. O relacionamento entre diferentes atores políticos e as instituições democráticas deve ser visto por esta ótica. Desse modo, o problema da democracia não se reduz somente à questão do funcionamento adequado das instituições políticas mas se liga também às práticas do aparelho de Estado e suas relações com os atores sociais. Essa inter-relação é crucial para a existência da democracia uma vez que formas específicas de concentração do poder podem também ter conseqüências antidemocráticas. Nas duas próximas seções deste capítulo, iremos analisar os modos específicos de concentração do poder e as relações entre Estado e atores sociais. O nosso objetivo será demonstrar que a democracia assume também a dimensão de forma de limitação dos aparatos sistêmicos. Procuraremos relacionar as ações dos novos atores sociais à possibilidade que eles abrem de constituição de uma prática política de limitação da ação estratégica no interior do Estado.

Democratização e Modernização

Na seção anterior, a abordagem da problemática da cultura política foi vinculada às transformações políticas, econômicas e administrativas pelas quais os países em vias de democratização estão passando. Essas mudanças relacionam-se à modernização do Estado e da economia e à forma como ambas mudam o assim chamado "repertório da ação social"[12]. As formas de conexão entre os indivíduos se

---

12. Charles Tilly descreve as mudanças no repertório da ação social da seguinte forma: "toda população tem um repertório limitado de ações coletivas: formas distintas de agir coletivamente em relação a interesses partilhados. No nosso tempo, por exemplo, a maior parte das pessoas sabe como participar de uma campanha eleitoral, como integrar-se a um grupo de interesses, organizar um abaixo-assinado, fazer uma greve ou uma reunião ou montar uma rede de influências. Essas variedades da ação constituem um repertório [...] as pessoas conhecem as regras gerais da ação relativamente bem e variam suas formas de acordo com o objetivo almejado". Charles Tilly, 1986, *The Contentious French*: 390. Seguindo a descrição de Tilly iremos supor que o conjunto das formas modernas de ação social constitui o

modificam após a criação do mercado e do Estado moderno e novas formas de ação precisam ser aprendidas por aqueles que interagem no interior dessas estruturas. As estruturas de poder se impessoalizam, assim como a atividade econômica, que passa a ser coordenada através do mercado. Estruturas organizacionais emergem nos dois níveis implicando a introdução de um conjunto de tecnologias e de práticas de dominação que afetam o nível cotidiano. Não é possível subestimar o impacto que o conjunto dessas modificações trazem para o exercício da democracia. Mesmo nos países centrais da modernidade, tais práticas desestruturaram uma forma de Estado e de relação Estado-sociedade (Polanyi, 1944) e só se estabilizaram no momento em que a democracia, e um conjunto de direitos sociais, se generalizaram enquanto práticas compensatórias. É, portanto, lícito supor que, em países como o Brasil, nos quais essas modificações continuam tendo um impacto sobre a sociedade e onde as relações Estado-mercado e Estado-sociedade continuam sendo submetidas a uma forte transformação, que esse tipo de mudança tenha um impacto sobre a problemática da democracia. É possível ir além e afirmar que a democracia não constitui nada mais do que uma nova prática social introduzida na modernidade em relação à qual alguns atores sociais no nosso país se posicionam ambiguamente.

A introdução da problemática das práticas cotidianas nos leva a entender a democracia enquanto uma prática que é transformada pelas mudanças estruturais da modernidade. Tanto a democracia quanto a cidadania passam a ser consideradas enquanto rupturas com formas de poder privado incompatíveis com as relações impessoais introduzidas pelo Estado moderno. Elas são parte de um *trade-off* no qual a introdução de restrições no nível do trabalho e das práticas administrativas são compensados pelo estabelecimento de limitações à ação dos agentes econômicos e administrativos. A partilha na "determinação coletiva dos eventos sociais"

que poderíamos denominar um repertório democrático que só adquire sentido uma vez que certas modificações na estrutura do Estado moderno tenham ocorrido.

139

aparece como uma compensação à perda da liberdade no nível da vida cotidiana, uma compensação cuja ausência "tornaria a condição moderna completamente insuportável" (Taylor, 1981). Todavia, esse *trade-off* não tem uma base universal uma vez que a simples transferência da institucionalidade democrática de um país para o outro não é garantidora da democracia entendida enquanto prática cotidiana. A transferência das estruturas do Estado moderno e das técnicas modernas de dominação ocorre mais facilmente do que o aprendizado pelos atores sociais das formas de ação no interior das estruturas políticas e econômicas criadas pela modernidade. Não seria outro o motivo da propensão das sociedades em modernização a soluções autoritárias.

As colocações acima nos permitem propor um marco distinto das teorias da transição para democracia para a abordagem do fenômeno da democratização. Um marco no qual a democratização é associada: 1) à ação coletiva ao invés da ação individual; 2) às culturas políticas dominantes no interior de uma determinada sociedade; 3) às mudanças provocadas pela introdução do mercado e do Estado moderno em um determinado país e 4) às formas de reação da sociedade ao funcionamento das instituições sistêmicas. Vista sob essa ótica, a democratização deixa de ser abordada enquanto fenômeno relacionado exclusivamente com as instituições políticas e passa para o terreno das formas de ação social que garantiriam a democracia ao longo de um processo de modernização societária. Na próxima seção deste capítulo, tentaremos apontar os elementos de uma teoria democrática da modernidade capaz de inserir a democratização no interior dos processos anteriormente descritos. Identificaremos tal teoria com a descrição das sociedades modernas encontrada na obra recente de Jürgen Habermas.

Uma Concepção Habermasiana da Democratização

Ao estabelecermos, enquanto parâmetros para a democratização, a incorporação de uma cultura política democrática pelos atores políticos e a inserção da democracia no interior do processo de mudança do repertório da ação social, rompemos com a possibilidade de pensar a democracia enquanto coordenação da ação sem constrangimentos. Tal ruptura aponta a necessidade de entender a democracia no marco de uma teoria que diferencie formas estratégicas de formas solidarísticas da ação social e coloque o problema da democracia enquanto prática cotidiana. É essa necessidade que nos leva a conectar a nossa discussão com a obra recente de Habermas.

A obra de Habermas está fundada, tal como mostramos nos quatro primeiros capítulos deste livro, sobre um marco conceitual dualístico capaz de diferenciar processos de modernização do Estado e da economia dos processos de racionalização e democratização da sociedade. Por um lado, Habermas discute o processo de generalização das normas e valores no interior das sociedades modernas, processo intimamente conectado com a emergência de práticas democráticas. Por outro, ele diferencia a democracia do surgimento dos subsistemas econômico e administrativo baseados na coordenação da ação através de resultados (Habermas, 1984, II: 154).

O objetivo habermasiano consiste em diferenciar complexidade de racionalidade[13] e os subsistemas da ação econômica e administrativa dos fundamentos político-morais que organizam a interação social. Tal objetivo pode ser interpretado de diferentes formas (McCarthy, 1991a; Schluchter, 1989). Nesta seção, exploraremos um caminho apontado por Habermas mas pouco desenvolvido de acordo com o

---

13. Para Habermas, as sociedades modernas alcançam um nível de diferenciação sistêmica que permite a organizações crescentemente autônomas se conectarem umas com as outras através de formas não-lingüísticas de comunicação. Esses mecanismos sistêmicos – por exemplo, o dinheiro – direcionam uma forma de comunicação social amplamente desconectada de valores e normas". Habermas denomina esse processo de complexificação sistêmica. Sua natureza não-lingüística e não-comunicativa seria o que levaria o autor da *Teoria da Ação Comunicativa* a chamá-lo de complexificação e a distingui-lo da racionalização que constitui um processo comunicativo que ocorre no nível da sociedade. Vide Habermas, 1984, II: 154.

qual a distinção entre integração sistêmica e interação social serviria como base para uma crítica às teorias da modernização. De acordo com Habermas,

> o conceito de modernização refere-se a um conjunto de processos cumulativos e que se reforçam mutuamente: à formação de capital e à mobilização de recursos; ao desenvolvimento das forças de produção e ao aumento da produtividade do trabalho; ao estabelecimento de um poder político centralizado e à formação das identidades nacionais; à proliferação dos direitos de participação política, à urbanização e à educação formal; à secularização de valores e normas etc. A teoria da modernização impõe duas abstrações ao conceito weberiano de modernidade: ela dissocia a modernidade da sua origem moderno-européia e a estiliza em um modelo espaço-temporal neutro de desenvolvimento social. Além do mais, ela rompe com a conexão entre a modernidade e o contexto histórico do racionalismo ocidental, de tal forma que processos de modernização deixam de ser concebidos enquanto racionalização, isto é, enquanto objetificação histórica das estruturas racionais. (Habermas, 1987a: 2.)

A colocação habermasiana vai direto ao ponto levantado nas seções anteriores deste capítulo: as teorias da modernização assim como as teorias da democratização não distinguem entre processos de racionalização da sociedade e processos de complexificação das estruturas do Estado e do mercado. Elas assumem uma homologia insustentável entre processos como a produtivização do capital, a centralização do Estado e a secularização de normas e valores. Ao assumir tal postura, as teorias da modernização e da democratização desprezam as dificuldades envolvidas na formação de identidades democráticas e na consolidação de formas coletivas de solidariedade supondo que a transferência da institucionalidade político-democrática poderia se encarregar de tal tarefa. No entanto, o significado comum dos valores e normas democráticos não pode ser produzido ou reproduzido de forma administrativa[14].

---

14. Estamos assumindo aqui uma postura similar à da crítica habermasiana ao *Welfare State*. Ao criticar as formas de reificação das práticas comunicativas cotidianas provocadas pelas políticas intervencionistas do *Welfare State* no campo do mundo da vida, Habermas atribui o seu fracasso à impossibilidade da produção administrativa de sentido. A mesma

A crítica habermasiana, uma vez articulada com a própria concepção de democracia do autor, pode nos oferecer importantes indicações para a elaboração de um conceito de democratização. A compreensão habermasiana da democracia está baseada no mesmo pressuposto da crítica do autor às teorias da modernização: na indissolúvel conexão entre o processo de racionalização social e o processo de complexificação sistêmica. Habermas defende a precedência da racionalização social sobre a emergência de esferas não-lingüísticas de coordenação da ação baseadas na generalização simbólica da recompensa e da punição (Habermas, 1984, II: 183). Para ele, é o processo de generalização das normas e valores um processo comunicativo e que tem lugar no nível do mundo da vida, que permite a diferenciação de estruturas sistêmicas. Nesse sentido, instituições como o direito civil constituem o pressuposto de uma esfera na qual os indivíduos podem competir pelo dinheiro ou pelo poder de forma eticamente neutra (Habermas, 1984, II: 318-331).

A idéia da precedência do mundo da vida sobre o sistema tem duas conseqüências importantes para uma teoria da democratização. A primeira é que ela garante a primazia do princípio da integração social, incorporada no constitucionalismo democrático, em relação à operação do subsistema administrativo. Desse modo, ela cria espaço

para uma concepção normativa da democracia [...] que, em termos de uma teoria social, se traduz na formulação de que o preenchimento das necessidades funcionais dos domínios de ação integrados sistemicamente encontram os seus limites na integridade do mundo da vida, isto é, nas demandas dos domínios de ação integrados socialmente (Habermas, 1984, II: 345).

Uma segunda dimensão pode ser extraída da precedência do mundo da vida sobre o sistema e conduz, igualmente, a uma concepção da democratização. Ela está relacionada com a compreensão da interação social sob a perspectiva

crítica pode ser feita à suposição que as instituições políticas poderiam operar automaticamente. Elas não operam dessa forma porque elas não conseguem produzir administrativamente os valores da normatividade democrática. Vide Habermas, 1984, v. II, pp. 329-330.

143

dos próprios participantes e pode ser contrastada com a perspectiva da integração sistêmica enquanto a estabilização da ação sob a perspectiva do próprio observador (Habermas, 1984, II: 117). Esse contraste nos permite estender o conceito de democracia da predominância de um sistema de direitos básicos para a compreensão do sistema político sob a perspectiva dos atores assim como das instituições fortalecedoras da interação social.

Os elementos constitutivos de um conceito habermasiano de democracia podem ser entendidos como uma teoria da democratização do ocidente e, portanto, ser contrastados com os supostos das teorias da transição acerca do papel das instituições políticas e da forma como a ação política deve ser coordenada. As teorias da transição para a democracia entendem a ação política como subjetiva e estratégica e a sua coordenação como sistêmica. A teoria habermasiana da democracia oferece-nos o fundamento para a crítica de ambos aspectos: ela indica a existência de uma dimensão não-sistêmica no interior do sistema político (Habermas, 1984, II: 344). Ela também contrasta a forma de coordenação sistêmica da ação com a própria perspectiva dos atores acerca da mesma. Dessa forma, a abordagem habermasiana abre espaço para os movimentos sociais e da sociedade civil no interior de uma teoria da democratização. Ela nos permite distinguir, no interior dos processos de democratização, uma dimensão de organização dos movimentos sociais diferenciada do sistema político e relacionada com a democratização da sociedade.

No caso do Brasil e de alguns países da América Latina, tal perspectiva nos permitiria acrescentar ao processo de democratização do sistema político a perspectiva dos movimentos sociais interativos que surgem no nível local e questionam as relações Estado-sociedade tal como existiam desde o início do processo de modernização brasileiro nos anos 30[15]. Tais

---

15. Esses movimentos foram tratados por diversos autores a partir de perspectivas teóricas distintas. O que nos interessa neste capítulo são algumas características comuns, tais como a sua forma de organização interativa no nível local, o rompimento, na maior parte das vezes, com um padrão patrimonialista e clientelista de ação política, as formas de

144

movimentos rearticulariam a cidadania e colocariam a questão da democracia enquanto a incorporação da cidadania a um sistema político institucionalmente democratizado. Dessa forma, uma perspectiva habermasiana nos permitiria colocar a dimensão societária no centro do sistema político e atribuir às instituições políticas o papel de representar demandas societárias ao invés de ações individuais isoladas. O contraste entre a teoria habermasiana e as teorias da transição deixa claro o ponto central de divergência entre as duas: a suposição das teorias da transição de que é possível abordar a democracia apenas com os instrumentos de uma teoria da ação estratégica. Uma tal teoria assumiria apenas a possibilidade de duas formas de coordenação da ação: com ou sem constrangimento, desprezando, portanto, o consenso normativo que permite a coordenação da ação política.

O fato da crítica habermasiana da teoria da modernização nos permitir criticar os pressupostos das teorias da transição para a democracia não nos deixa automaticamente com uma teoria da democratização em países de desenvolvimento tardio. Existem ao menos dois problemas envolvidos na aplicação dos supostos habermasianos a essa situação. Ambos os problemas estão relacionados ao fato da modernização consistir em um empreendimento predominantemente sistêmico. As estruturas do Estado e do mercado são mais facilmente transferidas para países fora do centro da modernidade do que os princípios éticos e morais incorporados no sistema político[16]. Tal fato traz à tona dois

negociação com o Estado que via de regra não admitem intermediários. Todas essas características apontariam para a constituição da cidadania enquanto característica comum desses movimentos, implicando, assim, um processo de democratização das relações Estado-sociedade. Sobre movimentos sociais no Brasil, vide Renato Boschi, 1987b, *A Arte da Associação*. Pedro Jacobi, 1985, *Políticas Públicas de Saneamento Básico e Saúde e Reivindicações Sociais no Município de São Paulo*. Ph.D., USP. José Alvares Moisés, 1982, *Cidade, Povo e Poder*. Sobre uma visão desses movimentos na América Latina, vide Arturo Escobar e Sonia Alvarez, 1992, *The Making of Social Movements in Latin America*.

16. Esse é um argumento fundamentalmente weberiano. Weber argumenta na famosa introdução ao *Estudos de Sociologia da Religião* que

contrastes claros entre o processo de democratização do ocidente e o processo de democratização dos países de desenvolvimento tardio: o primeiro consiste na impossibilidade de supor a precedência do processo de racionalização moral e político sobre o sistêmico em países de modernização tardia. Ao abordar o problema de democratização em um país como o Brasil, devemos supor que a instauração das estruturas do Estado moderno foi anterior a um movimento societário pela democratização. O que não poderíamos fazer é confundir a instauração das estruturas do Estado moderno no país com a institucionalidade democrática, mesmo quando um vem acompanhado do outro. No caso do Brasil, a democratização teria que ser pensada enquanto o processo de longo prazo de incorporação dos princípios democráticos pela própria sociedade, um processo que certamente ainda não chegou ao seu final, na medida em que podemos claramente perceber que uma série de órgãos do Estado ainda não incorporaram à sua estrutura ou ao seu funcionamento os princípios da ordem democrática. A adoção de uma tal perspectiva tem a vantagem de estabelecer uma continuidade entre o processo de negociação para a retirada de atores autoritários do sistema político e o processo de democratização das relações Estado-sociedade.

Um segundo contraste entre os supostos de uma teoria habermasiana e as situações de democratização tardia está relacionado à forma como os direitos são introduzidos nas sociedades em modernização. Em geral, apenas o lado

---

a especificidade do racionalismo ocidental não foi determinada pela presença das estruturas do Estado e do mercado e sim por um processo de racionalização que determinou uma forma racional de conduta. Todavia, o que torna as outras formas de conduta e de organização econômica e política insustentáveis é a incorporação da racionalidade nas estruturas da economia capitalista e do Estado moderno. O argumento weberiano tem, portanto, dois momentos: o primeiro é o que define as condições singulares do racionalismo ocidental; o segundo é o que define a sua "globalização". O primeiro consiste em um processo de racionalização ética, o segundo em um processo de racionalização sistêmica. Vide Max Weber, 1930, *The Protestant Ethic and the Spirit of Capitalism*, Introdução. Vide também Wolfgang Schluchter, 1989, *Religion, Rationalization and Domination*.

146

funcional (Habermas, 1992; Habermas, 1995) dos direitos civis, políticos e sociais é introduzido nos países de modernização tardia. Nesses casos, os direitos civis são introduzidos para facilitar a institucionalização de uma economia de mercado; os direitos políticos para facilitar a legitimação do uso da força pelo sistema político e os direitos sociais para facilitar a instauração de uma burocracia que estabeleça uma relação de controle e de concessão com os movimentos sociais. É interessante perceber que a ampliação desses direitos e sua vigência plena será um objeto permanente de disputa entre a arena societária, representada pelos movimentos sociais, e o poder do Estado. A pertinência de uma tal análise para o entendimento da inefetividade dos direitos civis e sociais básicos no Brasil[17] deve ser parte de uma teoria da democratização. Também nesse caso, as teorias da transição para a democracia erram ao estabelecer apenas o constitucionalismo enquanto critério para a vigência desses direitos.

Parece-me que duas alterações básicas no instrumental de análise habermasiano permitiriam integrar os problemas acima abordados no que então se constituiria em uma análise habermasiana da democratização. A primeira alteração seria perceber que em países de modernização tardia o processo de organização da sociedade em torno da demanda institucional por direitos é muito posterior tanto à introdução do Estado moderno quanto à introdução de uma institucionalidade democrática. O conflito fundamental, nesse caso, não envolveria apenas a democratização do sistema político, tal como supõem as teorias da transição, mas

17. Wanderley Guilherme dos Santos percebe essa contradição ao mostrar que a característica básica para a vigência de direitos no Brasil é a sua subordinação a uma estrutura ocupacional que necessita do sancionamento legal do Estado. Desse modo, os direitos sociais ficaram subordinados ao reconhecimento das profissões pelo Estado, o que de certa forma acabou por afetar até mesmo a estrutura dos direitos civis. Só com a emergência de movimentos sociais reivindicadores de direitos essa estrutura se inverteu, propiciando a transferência dos direitos do campo do Estado para a arena da sociedade civil. Vide Wanderley Guilherme dos Santos, 1979, *Cidadania e Justiça*.

também a limitação das instituições de Estado por uma sociedade civil reivindicadora da cidadania. Esse conflito explicaria, no caso do Brasil, porque a democratização trouxe mais crise ao nosso país ao invés de diminuí-la. Ela trouxe mais crise precisamente porque, para as elites políticas e para a burocracia estatal, a democratização colocou pela primeira vez a sua subordinação real às estruturas de limitação do Estado e do mercado criadas pela modernidade. O que haveria no Brasil pós-85 seria, precisamente, um conflito entre as forças societárias que entendem a sociedade como autônoma e procuram limitar as forças do Estado e do mercado, e as forças sistêmicas que resistem à qualquer forma real de limitação do seu poder. A democratização, no caso brasileiro, significou o surgimento de duas culturas políticas: uma democrática e vinculada aos movimentos sociais e civis democratizantes e uma outra, a predominante no nosso processo de modernização que persiste com as suas práticas tradicionais. Em uma tal situação, seria de se esperar que a democratização produzisse crise ao invés de estabilidade. Uma crise provocada pelo fato de que apenas agora, mais de um século depois da introdução formal de instituições democráticas no país, se coloca o problema real do funcionamento do Estado e do mercado obedecendo às regras da convivência democrática. A democratização brasileira virá, precisamente, se essa disputa encontrar uma solução favorável à sociedade.

Esse ponto nos conduz a uma segunda alteração que diz respeito às chamadas formas de ancoragem das instituições sistêmicas. A teoria habermasiana liga o processo de democratização à transformação da sociedade em um local de produção de poder. Conseqüentemente, seu parâmetro para a democratização é a capacidade da sociedade de se constituir em uma arena autônoma e limitar o poder dos subsistemas econômico e administrativo. No caso dos países centrais do capitalismo, a teoria habermasiana supõe a completude desse processo. No caso do Brasil, nada indica que tal processo implicará automaticamente um desfecho favorável à sociedade. Pelo contrário, as forças econômicas e políticas patrocinadoras da modernização têm tentado bloqueá-lo tanto quanto possível. Enquanto o Estado ou o mercado conseguirem se legitimar em uma base não-democrática eles tentarão fazê-lo. Na maior parte das nossas experiências autoritárias, a própria idéia de modernização se constituiu em uma base alternativa para a legitimação. Não é por acaso que no momento em que países da América Latina voltem a crescer economicamente, a modernização volta a ser a grande estrela do imaginário político da região. Mais uma vez, modernização e democracia parecem estar em conflito, o que constituiria mais uma indicação da incompletude do processo de democratização em países como o Brasil.

Teorias da Transição e Teoria Habermasiana: Reflexões Conclusivas

A análise anterior apontou a democratização enquanto um longo processo de compatibilização entre a operação de instituições políticas e os valores de uma esfera societária na qual predominem práticas democráticas. Tal processo envolve a convivência entre duas culturas políticas: uma semidemocrática, e predominante no nível do sistema e das instituições políticas, e uma outra democrática, predominante no nível do mundo da vida e da sociedade civil. Alguns teóricos da transição adotaram, recentemente, uma análise compatível com o processo acima descrito na medida em que passaram a sustentar a idéia de duas transições (vide nota n. 3). Todavia, as diferenças entre o marco analítico proposto aqui e a abordagem das transições não se diluem na medida em que esses teóricos continuam não percebendo que o conflito entre continuidade e renovação, no nível dos atores políticos, sobrevive à democratização. A incapacidade das teorias da transição de perceber que é na renovação dos atores sociais e das práticas sociais, isto é, no nível societário que residiria a capacidade de instauração de um sistema democrático mostra a persistência de um ponto de divergência entre elas e a teoria habermasiana. Isso não nos impede de perceber aonde residiria a contribuição das teorias da transição ao estudo da democratização e em apontar uma forma de compatibilização entre a sua abordagem e uma teoria mais ampla da democratização. Na verdade, tal empreendimento não nos parece difícil, uma vez que a teoria habermasiana tem acentuado muito mais a dimensão da negociação e do consenso do que a teoria dos jogos na qual as teorias da transição baseiam a sua abordagem.

A concepção de democratização, apresentada nas seções anteriores deste capítulo, entende as instituições políticas e o sistema político como apenas parte da dimensão do político. Este envolveria (vide quadro abaixo) tanto um conjunto de arenas institucionais nas quais a estratégia e a competitividade seriam dominantes, tais como a administração estatal e a esfera do executivo, como também um conjunto de arenas mais consensuais e comunicativas entre as quais se destacariam as instituições associativas da sociedade civil e os partidos políticos. O parlamento constituiria, nessa perspectiva, o ponto de encontro entre as dimensões estratégicas e consensuais do sistema político na medida em que ele é, ao mesmo tempo, parte da estrutura do Estado e representante da sociedade.

Estado (componentes administrativos)
Estado (componentes decisórios-executivo)
Dimensão Estatal do Sistema Político (parlamento)
Dimensão Societária do Sistema Político (parlamento)
Dimensão Competitiva da Sociedade (partidos)
Dimensão Associativa (sociedade civil)
Mundo da Vida (renovação da cultura política)

As teorias da transição, com sua ênfase na negociação entre atores políticos, abordariam a restauração da dimensão negociativa entre atores estratégicos ainda que o seu marco teórico tenha dificuldades em mostrar por que isso ocorre. As mudanças nessa outra arena denominada por nós de societária continuariam sendo abordadas de forma insatisfatória na medida em que as teorias da transição continuam passando ao largo das mudanças societárias e de sua relação com a institucionalização da prática democrática. A introdução dessa outra dimensão nos permite conectar democratização e

150

democracia na medida em que ela leva em consideração processos de limitação do Estado e do mercado identificados com o surgimento da cidadania, processos esses com os quais a democracia sempre foi identificada nos países nos quais ela surgiu e se consolidou mais facilmente. Desse modo, a nossa análise não invalida os supostos da teoria da transição. Apenas os coloca em perspectiva reconhecendo a necessidade de ampliar o marco no qual a democracia é pensada de modo que possamos conceber adequadamente a transição de um sistema de competição democrático-elitista instável para um sistema democrático mais institucionalizado e mais participativo no qual a sociedade civil e os atores políticos democráticos estejam plenamente integrados. A adoção de uma concepção societária da democratização nos permite alcançar um ponto de chegada no empreendimento que nos propusemos ao longo deste livro: o de conectar a democracia enquanto prática societária com o horizonte político dos atores partícipes dos processos de democratização. A ação de uns e de outros é constituída por uma mesma inspiração, já percebida pelos clássicos das ciências sociais, mas ainda não plenamente realizada: a tentativa de institucionalizar, enquanto prática, os fundamentos morais presentes na modernidade desde a sua origem.

7. CODA – NORMATIVIDADE, DEMOCRACIA E DEMOCRATIZAÇÃO: DAS CONSEQÜÊNCIAS POLÍTICAS DE UMA CONCEPÇÃO MORAL DA DEMOCRACIA

I

O itinerário desenvolvido ao longo deste livro teve como objetivo acompanhar o processo de societalização dos conceitos de moral e de democracia. Em uma primeira parte, procuramos, através de um diálogo com as obras de Marx e de Weber, mostrar o modo como Habermas recupera uma dimensão moral no diagnóstico da modernidade dos dois clássicos das ciências sociais. Em seu diálogo com a obra de Marx, Habermas dissocia a auto-emancipação humana do processo de produção material. Ao submeter tal concepção ao crivo da crítica, o autor da *Teoria da Ação Comunicativa* argumenta que a evolução das formas de controle da natureza não é capaz de produzir os fundamentos

153

de um processo moral de reconhecimento dos indivíduos enquanto iguais na sua capacidade de produzir a normatividade em que vivem. O autor propõe a reflexão comunicativa sobre o mundo social enquanto fundamento prático do processo de reconhecimento dos indivíduos enquanto iguais. A conseqüência dessa igualdade prático-moral será a possibilidade de tornar a política uma esfera de debate e de crítica com critérios internos de validade ligados à igual capacidade dos indivíduos de produzirem a normatividade política que guia as suas ações. Portanto, o primeiro pilar de uma concepção moral de democracia consiste na idéia da política enquanto autodeterminação de uma comunidade de iguais capazes de discutir as regras da sua organização.

Os fundamentos morais da democracia em Habermas implicam uma dimensão adicional construída a partir de um segundo diálogo, diálogo esse travado com Max Weber acerca dos fundamentos do processo de racionalização da moral. A abordagem do processo de racionalização da moral por Weber contém uma preocupação semelhante àquela esboçada por Marx, a percepção de uma contradição entre o desenvolvimento da modernidade e a sobrevivência de uma concepção moral da política. Se para Marx é o mercado que está em contradição com uma concepção interativa e comunitária da moral, para Weber é o processo de racionalização administrativa do Estado moderno que desencadeia a contradição entre política e moral. Para o autor da *Ética Protestante e o Espírito do Capitalismo*, o desenvolvimento de uma racionalidade de meios solapa a base cultural da modernidade na medida em que dissocia a racionalização da moral e do direito de um processo paralelo de racionalização ético-religiosa. Novamente, o ponto central da polêmica entre Habermas e Weber envolve a questão dos fundamentos morais da modernidade. Segundo Habermas, Weber teria sido incapaz de demonstrar a inexorabilidade do fundamento religioso de todas as formas de ética. A possibilidade de continuidade, em uma base secular, do processo de racionalização da moral, iniciado pelas religiões mundiais, continua sendo uma possibilidade no interior da modernidade. Desse modo, Habermas transfere a discussão sobre os fundamentos morais da modernidade para o campo das formas práticas de organização do processo de discussão política, processo esse identificado na modernidade com a idéia da democracia enquanto forma de vida.

O resultado da polêmica travada por Habermas com os dois clássicos mais influentes da teoria social clássica é o resgate dos fundamentos da moral na modernidade. A moralidade é resgatada por Habermas enquanto forma de autodeterminação da comunidade. Desse modo, ela se expressa nas estruturas democráticas entendidas enquanto regras práticas para a organização desse processo. A democracia enquanto forma de autodeterminação moral está, portanto, em continuidade com a preocupação marxiana da autodeterminação dos indivíduos nas comunidades em que vivem, na medida em que torna esses mesmos indivíduos co-autores das regras da sua própria sociabilidade. A democracia nessa formulação está também em continuidade com a preocupação weberiana de entender a racionalização da moral enquanto parte do processo de generalização da idéia do outro, processo esse iniciado no interior das religiões mundiais. Tal processo foi progressivamente substituindo as éticas substantivas e particularistas por concepções formais de ética de modo que a democracia não seria nada mais que a sua continuidade no interior da própria modernidade. Habermas, ao reestabelecer os fundamentos morais da democracia, consegue não apenas retrabalhar o aspecto moral das obras de Marx e de Weber, como também articulá-lo com uma proposta de continuidade e reforçamento desses potenciais nas estruturas políticas das sociedades contemporâneas. Tal empreitada envolve o apontamento, no interior da política moderna, daquelas estruturas seletivamente institucionalizadas e que, portanto, ainda não desempenharam plenamente seu papel em um processo de democratização societária. Nesse sentido, a análise habermasiana nos permite não apenas entender o significado da democracia na modernidade mas permite também entender a possibilidade de aprofundamento da democracia ainda presente nas sociedades contemporâneas. É essa a questão que enfrentamos nos três últimos artigos deste livro a partir de um diálogo com a ciência política mais convencional.

II

Os três artigos finais deste livro abordam em um grau diferente de abstração a mesma questão: a inadequação da abordagem característica da ciência política ao estudo da problemática da democracia. Tal questão é explorada, em primeiro lugar, através de uma crítica àquelas concepções que procuram negar os fundamentos morais e normativos da política moderna. Como é sabido, foi bastante influente, na ciência política americana do pós-guerra, a pretensão de comprometer a dimensão normativa da política em troca de uma maior capacidade de validação científica. Tal empreendimento encontrou, na teoria da escolha racional, o seu mais promissor herdeiro na medida em que essa última não apenas se propôs a quantificar o campo da ação social como também se encarregou de negar teoricamente a validade da normatividade e da ação coletiva na política. No Capítulo 4, nos encarregamos de mostrar os equívocos cometidos por uma concepção não-normativa da política. Foram mostradas em relação à teoria da escolha racional as armadilhas insuperáveis envolvidas na empreitada de construir, com base apenas na lógica egoísta-competitiva do mercado, os fundamentos das modernas estruturas de solidariedade. Tal incapacidade aponta para a necessidade de uma diferenciação entre o *homo economicus* e o *homo politicus*. Esse último teria como fundamento da sua ação uma dimensão moral baseada não nas idéias de barganha e competição e sim na idéia de argumentação, idéia essa que envolve necessariamente o entendimento do outro enquanto indivíduo com o qual eu tenho algo em comum. A institucionalização desse princípio nas estruturas do Estado moderno torna a política atividade prático-moral. No entanto, não se trata de fazer essa constatação com o objetivo da defesa da institucionalidade existente mas se trata precisamente de perceber em que medida essa promessa, que é parte do legado da

156

modernidade, ainda não foi plenamente realizada. Nos dois últimos capítulos, as teorias mais influentes da democracia e da democratização foram analisadas com objetivo de mostrar como elas comprometem essa dimensão moral da democracia ao se basearem no empirismo e no realismo, concepções essas que deixaram de lado a dimensão moral que procuramos resgatar.

Os dois últimos capítulos estão voltados para uma mesma questão: o apelo normativo da idéia de democracia no final do século, apelo esse materializado na extensão quatitativa e geográfica da democracia e no aprofundamento qualitativo da forma da prática democrática. Ambos os capítulos tiveram como referência dois fenômenos distintos ainda que paralelos no seu significado e abrangência: no caso dos países da Europa ocidental e da América do Norte o fenômeno em questão é evidentemente o surgimento de um conjunto de movimentos sociais e um aumento da participação em associações civis, fenômenos apontados por autores como Putnam (1992) e Verba (1995) entre outros. Os temas levantados pelos movimentos sociais e associações civis e sua contribuição para a prática da democracia no nível micro demonstram que as idéias de participação e solidariedade permanecem no horizonte dos cidadãos das sociedades democráticas. No caso dos países em democratização, um fenômeno semelhante pode ser observado: a relação entre a restauração da democracia e a constituição de uma rede mais densa de associações civis e movimentos sociais no decorrer de tal processo. Especialmente no caso do Brasil, chama a atenção o aumento da propensão associativa e o estabelecimento de formas civis de solidariedade associadas à nossa democratização. Em ambos os casos, a participação e a solidariedade estão ligadas às idéias de auto-organização da comunidade e do reconhecimento do outro.

Os dois fenômenos apontados acima não foram, no entanto, adequadamente processados pelas teorias mais influentes da democracia e da democratização. Daí a crítica, baseada na obra habermasiana, feita às teorias da democracia e da democratização nos Capítulos 5 e 6. A crítica tem a intenção de apontar práticas e espaços políticos já incorporados pelos atores sociais e que boa parte da teoria democrática ainda não foi capaz de processar. Nesse sentido, não se trata apenas de criticar o realismo político e as teorias da transição para a democracia com base na teoria habermasiana. Trata-se de construir uma teoria capaz de incorporar um espaço reivindicado pelos atores sociais democratizantes em sua própria prática política. A teoria habermasiana nos permite pensar os elementos de uma tal concepção ao associar a democracia com a relação entre as instituições políticas e as redes informais de comunicação no nível da esfera pública. Entre ambos, ocorre um fluxo de comunicação cuja direção pode variar. A ação democratizante deve ser entendida como a tentativa de ancorar a direção desse fluxo na sociedade, questão essa, no entanto, ainda amplamente indefinida. A possibilidade de que o ponto de partida da prática democrática seja a própria sociedade e que o sistema político seja ancorado nas práticas participativas que deram origem à democracia, constitui o horizonte de uma utopia possível no final do século XX. Tal utopia resgata, no nível da forma do processo de auto-organização da sociedade, o horizonte político presente nas concepções dos clássicos das ciências sociais, horizonte esse definitivamente associado à moralidade da modernidade.

REFERÊNCIAS BIBLIOGRÁFICAS

Capítulo 1

BOBBIO, Norberto. 1984. *O Futuro da Democracia*. Rio de Janeiro, Paz e Terra.

HABERMAS, Jürgen. 1971. *Perfiles Filosófico-Políticos*. Madrid, Taurus.

_____. 1984. *Theory of Communicative Action*. Traduzido por Thomas McCarthy. Boston, Beacon Press.

_____. 1995. *Between Facts and Norms*. Traduzido por William Regh (versão preliminar), Forthcoming.

MUENCH, Richard. 1987. *Theory of Action*. London, Routledge.

PRZEWORSKI, Adam. 1991. *Democracy and the Market*. Cambridge, Cambridge University Press.

SCHUMPETER, Joseph. 1942. *Capitalism, Socialism and Democracy*. New York, Harper.

Capítulo 2

ANDERSON, Perry. 1976. *Considerações sobre o Marxismo Ocidental*. Lisboa, Editora Afrontamento.

ARATO, Andrew. 1989. "A Reconstruction of Hegel's Theory of Civil Society", in *Cardozo Law Review*, v. 10, n. 5-6, pp. 1363-1388.

BENHABIB, Seyla. *The State and Civil Society:* Studies in Hegel's Political Philosophy. Cambridge, Cambridge University Press. Obligation, contract and exchange". (Editado por Z. Pelczynski).

_____ 1986. *Critique. Norm and Utopia*. New York, Columbia University Press.

CALHOUN, Craig. 1992. *Habermas and the Public Sphere*. Cambridge, MIT Press.

COHEN, Jean & ARATO, Andrew. 1992. *Civil Society and Political Theory*. Cambridge, MIT Press.

COOKE, Maeve. 1994. *Language and Reason*. Cambridge, MIT Press.

HABERMAS, Jürgen. 1973. *Theory and Praxis*. Boston, Beacon Press.

_____ . 1975. *Legitimation Crisis*. Boston, Beacon Press.

_____ . 1976. *Para a Reconstrução do Materialismo Histórico*. São Paulo, Brasiliense.

_____ . 1984. *Theory of Communicative Action*. Traduzido por Thomas McCarthy. Boston, Beacon Press.

_____ . 1989. *The Structural Transformation of the Public Sphere*. Cambridge, MIT Press.

_____ . 1992. *Habermas and the Public Sphere*. Cambridge, MIT Press. Further Reflections on the Public Sphere. (Editado por C. Calhoum).

_____ . 1994a. "Three Normative Models of Democracy", in: *Constellations* (n. 1)

_____ . 1994b. "Struggles for Recognition in the Democratic Constitutional State", in: TAYLOR, Charles. *Multiculturalism*, Princeton, Princeton University Press.

_____ . 1995. *Between Facts and Norms*. Cambridge, MIT Press (no prelo).

HEGEL, G. 1821. *Philosophy of Right*. Oxford, Oxford University Press. (Editado por T. Knox).

HEIMAN. 1984. *Hegel's Political Philosophy:* Problems and Perspectives. Cambridge, Cambridge University Press. The sources and significance of Hegel's corporate doctrine. (Editado por Z. A. Pelczynski).

LUKÁCS, Georg. 1968. *History and Class Consciousness*. London, Merlyn Press.

MARX, Karl. 1843. *Marx's Early Writings*. New York, Vintage Press. The Jewish Question. (Editado. por L. Colletti).

_____. 1844. *Early Writings*. New York, Vintage Press. The Critique of Hegel's Philosophy of Right. (Editado por L. Colletti).

_____. 1871. *The Capital*. London, Penguin Books. (Tradução em inglês).

_____. 1939. *Grundrisse Foundation of the Critique of Political Economy*. Traduzido por Martin Nicolaus. London, Penguin Books. (Edição inglesa de *Grundisse*, escrito em 1858).

O'CONNOR, James. 1973. *The Fiscal Crisis of the State*. New York: [s.n.].

OFFE, Claus. 1975. *Problemas Estruturais do Estado Capitalista*. Rio de Janeiro, Tempo Brasileiro.

OLLMAN, Bertrand. 1971. *Marx's Conception of the Man in Capitalist Society*. Cambridge, Cambridge University Press.

SOMMERS, Margareth. 1993. "Citizenship and the Place of the Public Sphere: Law, Community and Culture in the Transition to Democracy". *American Sociological Review*, n. 58, pp. 587-620.

Capítulo 3

ADORNO, Theodor Wisengrund. 1975. *La Dialética Negativa*. Madrid, Taurus.

COOKE, Maeve. 1994. *Language and Reason: a Study of Habermas's Pragmatics*. Cambridge, MIT Press.

HABERMAS, Jürgen. 1984. *Theory of Communicative Action*. Traduzido por Thomas McCarthy. Boston, Beacon Press.

_____. 1995. *Between Facts and Norms*. Traduzido por William Regh (versão perliminar). Forthcoming.

LÖWITH, Karl. 1982. *Max Weber and Karl Marx*. London, Gerog Allen & Unwin.

MARCUSE, Herbert. 1967. *Ideologia da Sociedade Industrial*. Rio de Janeiro, Zahar Editores.

NELSON, Benjamin. 1974. "Max Weber's Author Introduction (1920): A Master Clue to His Aims", in: *Sociological Inquiry*, n. 4, pp. 269-278.

SCHLUCHTER, Wolfgang, 1987. *Max Weber, Rationality and Modernity* [s.l.] : [s.d.]. Weber's Sociology of Rationalism and Typology of Religious Rejections of the world. (Editado por S. Whister).

_____. 1989. *Religion, Rationalization and Domination*. Berkeley, University of California Press.

161

TENBRUCH, Friedrich. 1980. "The Problem of Thematic Unity in the Works of Max Weber", in: *British Journal of Sociology*, v. 31, n. 3.

WEBER, Max. 1915. *Ensayos de Sociologia Comparada de la Religión*. Madrid, Taurus. "A Ética Econômica das Religiões Mundiais". (Editado por M. Weber).

_____ . 1930. *The Protestant Ethic and the Spirit of Capitalism*. Traduzido por Talcott Parsons. London, Unwin Hyman.

_____ . 1946a. *On Max Weber*. New York, Oxford University Press. The Social Psychology of the World Religions. (Editado por Mills).

_____ . 1946b. *From Max Weber*. New York, Oxford University Press. Religious Reflection of the World and Their Direction. (Editado por Mills).

_____ . 1946c. *From Max Weber*. New York, Oxford University Press. Science as a Vocation. (Editado por W. Mills).

_____ . 1968a. *Economy and Society*. New York, Bedminster Press. (Editado por G. Roth).

_____ . 1968b. *Economy and Society*. Berkeley, University of California. (Apêndice v. II). Parlament and Government in a Reconstructed Germany. (Editado por M. Weber).

Capítulo 4

APEL, Karl-Otto. 1984. *Understanding and Explanation*. Cambridge, MIT Press.

ARENDT, Hannah. 1962. *On Revolution*. Lisboa, Moraes Editores. (Edição portuguesa).

BENHABIB, Seyla. 1984. *The State and Civil Society:* Studies in Hegel's Political Philosophy. Cambridge, Cambridge University Press. Obligation, Contract and Exchange. (Editado por Z. Pelczynski).

_____ . 1984. *Critique, Norm and Utopia*. New York, Columbia University Press.

BERNSTEIN, Richard. 1976. *The Restructuring of Social and Political Theory*. [s.l.] : [s.n.].

COHEN, Jean L. 1982. *Class and Civil Society*. Amherst, The University of Massachusetts Press.

COHEN, Jean e ARATO, Andrew. 1992. *Civil Society and Political Theory*. Cambridge, MIT Press.

COLEMAN, James. 1990. *Foundations of Social Theory*. Cambridge, Harvard University Press.

DEFOE, Daniel. 1719. *Robison Crusoe*. London, Penguin Books.

DURKHEIM, Emile. 1906. *Sociology and Philosophy.* New York, Free Press. The Determination of Moral Facts. (Editado por E. Durkheim).

ELSTER, Jon. 1985. *Making Sense of Marx.* Cambridge, Cambridge University Press.

_____ . 1989. *The Cement of Society.* Cambridge, Cambridge University Press.

_____ . 1991a. "The Possibility of Rational Politics", in: HELD, David, *Political Theory Today*, Oxford, Oxford University Press.

_____ . 1991b. *Arguing and Bargaining in Two Constituent Assemblies.* Yale Law Library. (Manuscrito).

ETZIONI, Amitai. 1988. *The Moral Dimension.* New York, Free Press.

FEINBERG, L. 1981. *Lukács, Marx and the Sources of Critical Theory.* Littlefield, Rowman Publishers.

GIDDENS, Anthony. 1984. *The Constitution of Society.* Berkeley, University of California Press.

HABERMAS, Jürgen. 1984. *Theory of Communicative Action.* Traduzido por Thomas McCarthy. Boston, Beacon Press.

_____ . 1995. *Between Facts and Norms.* Cambridge, MIT Press (no prelo).

HAMPTON, Jean. 1986. *Hobbes and the Social Contract Tradition.* Cambridge, Cambridge University Press.

HECHTER, Michel. 1987. *Principles of Group Solidarity.* Berkeley, University of California Press.

HEGEL, G. 1821. *Philosophy of Right.* Oxford, Oxford University Press. (Editado por T. Knox).

HOBBES, Thomas. 1651. *The Leviathan.* London, Penguin Books. (Editado por MacPherson).

KALBERG, Stephen. 1980. "Max Weber's Types of Rationality: Cornerstone for the Analysis of Rationalization Processes in History", in: *American Journal of Sociology*, v. 85, n. 5, pp. 1145-1179.

LEFORT, Claude. 1979. *As Formas da História.* São Paulo, Brasiliense. A Alienação como Conceito Sociológico.

LOCKE, John. 1708. *Ensaio Acerca do Entendimento Humano.* São Paulo, Abril Editores. (Edição Brasileira).

_____ . 1965. *The Second Treatise of Civil Government.* New York, Mentor Press. (Editado por P. Laslett).

LUHMANN, Niklas. 1982a. *The Differentiation of Society.* New York, Columbia University Press.

163

MacPHERSON, C. B. 1963. *The Political Theory of Possessive Individualism*. Oxford, Oxford University Press.

MANSBRIDGE, Jane. 1990. *Beyond Self-interesting*. Chicago, University of Chicago Press.

MARWELL, Gerald. 1982. *Cooperation and Helping Behavior*: Theories and Research. New York, Academic Press. Altruism and the Problem of Collective Action. (Editado por V. J. Derlega).

MARX, Karl. 1858. *Grundrisse Foundation of the Critique of Political Economy*. Traduzido por Martin Nicolaus. London, Penguin Books. (Edição inglesa.)

McADAM, Dough. 1988. *Freedom Summer*. New York, Oxford University Press.

MICHELMAN, Frank. 1989. "Conceptions of Democracy in American Constitutional Argument: Voting Rights", in: *Florida Law Review* n. 41.

NOVAK, M. E. 1963. *Defoe and the Nature of Man*. O.U.P.

PARSONS, Talcott. 1937. *The Structure of Social Action*. 2ª ed., Free Press ed. New York, McGraw-Hill.

POLANYI, Karl. 1944. *The Great Transformation*. Boston, Beacon Press.

PRZEWORSKI, Adam. 1991. *Democracy and the Market*. Cambridge, Cambridge University Press.

REIS, Fábio Wanderley. [s.d.] *Política e Racionalidade*. Belo Horizonte, RBEP.

_____ . 1991. "Para Pensar Transições", in: *Novos Estudos*, São Paulo, n. 30, pp 76-98.

_____ . 1994. *Ensaios de Teoria e Filosofia Política*. Belo Horizonte, Departamento de Ciência Política-UFMG. "Cidadania, Mercado e Sociedade Civil". (Editado por A. F. Mitre).

SCHLUCHTER, Wolfgang. 1981. *The Rise of Western Rationalism*. Berkeley, University of California.

SMITH, Adam. 1759. *The Theory of Moral Sentiments*. Indianapolis, Liberty Classics.

_____ . 1776. *An Inquiry into the Nature and the Causes of the Wealth of Nations*. Oxford, R. H. Campbell.

WEBER, Max. 1930. *The Protestant Ethic and the Spirit of Capitalism*. Traduzido por Talcott Parsons. London, Unwin Hyman.

_____ . 1968. *Economy and Society*. New York, Bedminster Press. (Editado por G. Roth).

WOLFE, Alan. 1989. *Whose Keeper*. Berkeley, University of California Press.

Capítulo 5

BOBBIO, Norberto. 1974. *O Futuro da Democracia*. Rio de Janeiro, Paz e Terra.

COOKE, Mavie. 1994. *Language and Reason: a Study of Habermas's Pragmatics*. Cambridge, MIT Press.

DAHL, Robert. 1956. *Preface to Democratic Theory*. Chicago, University of Chicago Press.

————. 1989. *Democracy and its Critics*. New Haven, Yale University Press.

DICEY, A. V. 1905. *Law and Public Opinion in England*. London, MacMillan.

DOWNS, Anthony. 1956. *An Economic Theory of Democracy*. New York, Harper and Brothers.

ETZIONI, Amitai. 1988. *The Moral Dimension*. New York, Free Press.

HABERMAS, Jürgen. 1984. *The Theory of Communicative Action*. Boston, Beacon Press.

————. 1989. *The Structural Transformation of the Public Sphere*. Cambridge, MIT Press.

————. 1992. "Further Reflections on the Public Sphere", in: CALHOUM, C. *Habermas and the Public Sphere*. Cambridge, MIT Press.

————. 1994. "Three Normative Models of Democracy", in: *Constellations*, n. 1.

————. 1995. *Between Facts and Norms*. Traduzido por William Regh (versão perliminar). Forthcoming.

LUKES, Steven. 1974. *Power:* a Radical View. London, MacMillan.

MANSBRIDGE, Jane. 1990. *Beyond Self-Interest*. Chicago, University of Chicago Press.

MILL, John Stuart. 1982. *On Liberty*. London, Penguin Books.

MILLS, C. Wright. 1956. *The Power Elite*. New York, Oxford.

POPPER, Karl. 1963. *Conjecture and Refutation*. New York, Basic Books.

PRZEWORSKI, Adam. 1991. *Democracy and the Market*. Cambridge, Cambridge University Press.

ROUSSEAU, Jean-Jaques. 1968. *The Social Contract*. Harmondsworth, Penguin.

SARTORI, Giovanni. 1994. *A Teoria da Democracia Revisitada*. São Paulo, Ática.

SCHMITT, Carl. 1923. [1988]. *The Crisis of Parliamentary Democracy*. Cambridge, MIT Press.

SCHUMPETER, Joseph. 1942. *Capitalism, Socialism and Democracy*. New York, Harper.

TUCKMANN, G. 1988. *Mass Media Institutions*. New York [s.n.].

WEBER, Max. 1968a. *Economy and Society*. Editado por G. Roth. New York, Bedminster Press.

_____ . 1994. *Max Weber e Karl Marx*. São Paulo, Hucitec. O Socialismo. (Editado por R. Gertz).

Capítulo 6

ARATO, Andrew & BENHABIB, Seyla. 1994. "The Yuguslav Tragedy", in: *Praxis International*, Oxford, Basil Blackwell, v. 13, n. 4.

AVRITZER, Leonardo. 1993. *Modernity and Democracy in Brazil: an Interpretation of the Brazilian Path of Modernization.* (Tese de Doutorado. New School for Social Research).

_____ . 1994. *Sociedade Civil e Democratização*. Belo Horizonte, Del Rey. Modelos de Sociedade Civil. (Editado por L. Avritzer).

_____ . 1995 (*forthcoming*). "Transition to Democracy and Political Culture: an Analysis of the Conflict between Civil and Political Society in Post-authoritarian Brazil", in: *Constellations*, v. I, n. 5. Oxford, Basil Blackwell.

BOSCHI, Renato. 1987b. *A Arte da Associação*. Rio de Janeiro, v. I, n. 5, Vértice.

CAMARGO, Aspásia. 1989. *Continuidade e Mudança no Brasil da Nova República*. Rio de Janeiro, Vértice. (Editado por A. Camargo e E. Diniz.) Transição e Crise do Poder Público.

CAMMACK, Paul. 1982. *Private Patronage and Public Power*. New York, Saint Martin Press. Clientelism and Military Government in Brazil. (Editado por C. Clapham).

_____ . 1991. "Brazil: the Long March to the New Republic", in: *New Left Review*, n. 190, pp. 21-58.

EDER, Klaus. 1992. "Culture and Politics", in: HONNETH *et al. Cultural Political Interventions in the Unfinished Project of Enlightenment*. Cambridge, MIT Press.

_____ . 1989. *Evolutionary Theory in Social Science*. Dordrecht, D. Reidel. Learning and the Evolution of the Social Systems. (Editado por M. Scmid).

ESCOBAR, Arturo e ALVAREZ, Sonia. 1992. *The Making of Social Movements in Latin America*. Bouldner, Westview Press.

HABERMAS, Jürgen. 1984. *Theory of Communicative Action*. Traduzido por Thomas McCarthy. Boston, Beacon Press.

———. 1987a. *The Philosophical Discourse of Modernity*. Traduzido por Frederick Lawrence. Cambridge, MIT Press.

———. 1992. "Nationalism". *Praxis International*.

———. 1995. *Facticity and Validity*. MIT Press (no prelo).

JACOBI, Pedro. 1985. *Políticas Públicas de Saneamento Básico e Saúde e Reivindicações Sociais no Município de São Paulo*. (Tese de Doutorado. São Paulo, USP).

LINZ, Juan. 1978. *The Breakdown of Democratic Regimes*. Baltimore, John Hopkins University Press.

LOCKWOOD, David. 1964. *Explorations in Social Change*. London, Routledge. Social Integration and System Integration. (Editado por Z. A. H. Zollschan).

LUHMANN, Niklas. 1982a. *The Differentiation of Society*. New York, Columbia University Press.

MAINWARING, Scott. 1991. *Clientelism, Patrimonialism and Economic Crisis: Brazil Since 1979*. Washington.

MAINWARING, Scott & VIOLA, Eduardo. 1984. "New Social Movements, Political Culture and Democracy: Brazil and Argentina in the 80's". *Telos*, 61 (Fall).

MCCARTHY, Thomas. 1991a. *Communicative Action*. Boston, MIT Press. Complexity and Democracy: the Seducements of Systems Theory. (Editado por A. Honneth e H. Joas).

MOISÉS, José Alvares. 1982. *Cidade, Povo e Poder*. Rio de Janeiro, Paz e Terra.

O'DONNELL, Guillermo. 1991. "Sobre o Estado, a Democratização e Alguns Problemas Conceituais". *Estudos Cebrap*, n. 36.

O'DONNELL, Guillermo e SCHMITTER, Philippe C. 1986. *Transitions from Authoritarian Rule*. Baltimore, John Hopkins University Press.

OFFE, Claus e WIESENTHAL, Helmut. 1984. "Duas Lógicas da Ação Coletiva", in: OFFE, Claus. *Problemas Estruturais do Estado Capitalista*. Rio de Janeiro, Tempo Brasileiro.

PINHEIRO, Paulo Sérgio. 1991. *The Legacy of Authoritarianism: Violence and the Limits of Democratic Transitions*. Washington, Latin American Studies Association.

PREUSS, Ulrich. 1993. "Constitutional Power Making for the New Policy", in: *Cardozo Law Review*.

PRZEWORSKI, Adam. 1991. *Democracy and the Market*. Cambridge, Cambridge University Press.

RUSTOW, Dunkwart. 1970. "Transitions to Democracy", in: *Comparative Politics*, n. 2, pp. 337-363.

SANTOS, Wanderley Guillerme dos. 1979. *Cidadania e Justiça*. Rio de Janeiro, Editora Campus.

SCHLUCHTER, Wolfgang. 1989. *Religion Rationalization and Domination*. Berkeley, University of California Press.

STEPAN, Alfred. 1986. *Transitions from Authoritarian Rule*. Baltimore, John Hopkins University Press. Paths Toward Democratization: Theoretical and Comparative Considerations. (Editado por G. O'Donnell e P. Schmitter).

_____ . 1988. *Rethinking Military Politics*. Princeton, Princeton University Press.

TAYLOR, Charles. 1981. "Growth, Legitimacy and the Modern Identity", in: *Praxis International*, v. 1, n. 2, pp. 111-125.

_____ . 1985. *Philosophy and the Human Sciences*. Cambridge, Cambridge University Press.

TILLY, Charles. 1986. *The Contentious French*. Cambridge, Harvard University Press.

WEBER, Max. 1930. *The Protestant Ethic and the Spirit of Capitalism*. Traduzido por Talcott Parsons. London, Unwin Hyman. Introdução.

WOLFE, Alan. 1989. *Whose Keeper. Berkeley, University of California Press*.

CIÊNCIAS SOCIAIS NA PERSPECTIVA

Raça e Ciência I
Juan Comas e outros (D025)

A Multidão Solitária
David Riesman (D041)

Unissexo
Charles E. Winick (D045)

O Trabalho em Migalhas
Georges Friedmann (D053)

Raça e Ciência II
L. C. Dunn e outros (D056)

Rumos de uma Cultura Tecnológica
Abraham Moles (D058)

A Noite da Madrinha
Sérgio Miceli (D066)

A Caminho da Cidade
Eunice Ribeiro Durhan (D077)

Lazer e Cultura Popular
Joffre Dumazedier (D082)

Manicômios, Prisões e Conventos
Erving Goffman (D091)

As Religiões dos Oprimidos
Vittorio Lanternari (D095)

Crise Regional e Planejamento
Amélia Cohn (D117)

Sociologia Empírica do Lazer
Joffre Dumazedier (D164)

Sociodinâmica da Cultura
Abraham Moles (E015)

Estudos Afro-Brasileiros
Roger Bastide (E018)

A Economia das Trocas Simbólicas
Pierre Bourdieu (E020)

*O Legado de Violações dos Direitos Humanos no Cone Sul:
Argentina, Chile e Uruguai*
Luis Roniger e Mário Sznajder (E208)

Memórias de Vida, Memórias de Guerra
Fernando Frochtengarten (E222)

A Ciência Social num Mundo em Crise
Scientific American (LSC)

COLEÇÃO DEBATES
(Últimos Lançamentos)

299. *Ética e Cultura*, Danilo Santos de Miranda (org.).
300. *Eu não Disse?*, Mauro Chaves.
301. *O Teatro do Corpo Manifesto: Teatro Físico*, Lúcia Romano.
302. *A Cidade Imaginária*, Luiz Nazario (org.).
303. *O Melodrama*, J. M. Thomasseau.
304. *O Estado Persa*, David Asheri.
305. *Óperas e Outros Cantares*, Sergio Casoy.
306. *Primeira Lição de Urbanismo*, Bernardo Secchi.
307. *Conversas com Gaudí*, Cesar Martinell Brunet.
308. *O Racismo, uma Introdução*, Michel Wieviorka.
309. *Emmanuel Lévinas: Ensaios e Entrevistas*, François Poirié.
310. *Marcel Proust: Realidade e Criação*, Vera de Azambuja Harvey.
311. *A (Des)Construção do Caos*, Sergio Kon e Fábio Duarte (orgs.).
312. *Teatro com Meninos e Meninas de Rua*, Marcia Pompeo Toledo.
313. *O Poeta e a Consciência Crítica*, Affonso Ávila.
314. *O Pós-dramático: Um Conceito Operativo?*, J. Guinsburg e Sílvia Fernandes (orgs.).
315. *Maneirismo na Literatura*, Gustav R. Hocke.
316. *A Cidade do Primeiro Renascimento*, Donatella Calabi.
317. *Falando de Idade Média*, Paul Zumthor.
318. *A Cidade do Século Vinte*, Bernardo Secchi.
319. *A Cidade do Século XIX*, Guido Zucconi.
321. *Tradução, Ato Desmedido*, Boris Schnaiderman.
322. *Preconceito, Racismo e Política*, Anatol Rosenfeld.
323. *Contar Histórias com o Jogo Teatral*, Alessandra Ancona de Faria.

Impresso nas oficinas
da Imagem Digital
em novembro de 2011